제2판

myRIO를 활용한 LabVIEW 프로그래밍

공학박사 이종명, 황우현 공저

B.C.Info

머리말

내셔널인스투루먼트에서 개발한 myRIO 하드웨어와 LabVIEW 소프트웨어를 실무자들이 쉽게 배워서 산업 현장에서 필요한 일들을 더욱 간편하게 활용할 수 있도록 이론보다는 실제 예제 및 실무 위주로 교재를 구성하여 학생들뿐만 아니라 실무자들에게 도움을 주고자 이 책을 발간하였다. 문법 위주의 문제를 배제하고 실무자들이 교재를 따라해 가면서 활용할 수 있도록 하드웨어 및 LabVIEW 소프트웨어 활용에 중심을 두고 구성하였다.

자동화 분야에서 PLC를 이용하여 진행하고 있지만 모니터링 및 제어에 한계를 가지고 있어 이를 극복할 수 있는 LabVIEW를 기반으로 다양한 하드웨어 중에서 myRIO를 PLC보다 더 다양하게 PC기반 제어 및 HMI 등에 활용할 수 있도록 한다.

개인 컴퓨터나 대학 컴퓨터실에서 실무 강의를 진행할 수 있도록 하기 위하여 LabVIEW 소프트웨어와 myRIO 실습장치를 활용할 수 있도록 강의를 구성하였다.

- myRIO 실습장치 및 LabVIEW 소프트웨어를 활용한 산업체로부터 요구를 파악
- myRIO 실습장치 및 LabVIEW 소프트웨어를 활용한 강의 내용, 학습활동, 실습 설계
- myRIO 실습장치 및 LabVIEW 소프트웨어를 활용한 실습형 강의 구성
- LabVIEW 활용 강의를 위한 단원평가 및 평가보조 구성
- 실습문제 및 과제의 해결을 통한 자기주도 학습을 위한 교재로 활용

본 교재는 myRIO 실습장치 및 LabVIEW 프로그램을 이용하여 실무자가 직접 배워서 현업에 활용할 수 있도록 구성되었고, 아래의 경우에도 활용할 수 있을 것이다.

- LabVIEW 및 myRIO 실습장치 활용 분야의 기술 및 산업동향을 파악하여 특성화
- LabVIEW 및 myRIO 활용 분야의 전문 인력을 양성하여 산업현장에 적용
- 자동화 분야의 산업체 실무자를 위한 직무교육 및 재교육을 수행
- LabVIEW 및 myRIO 활용 교과목에 대한 표준화를 이루어 강좌의 질 향상
- 기초적인 하드웨어에서 전문적인 하드웨어까지 MMI 구축 실무자 양성

2016년 9월

이종명, 황우현

차례

CHAPTER 1

LabVIEW 제어문 기초

1.1 사칙연산 프로그래밍
1.2 섭씨온도의 화씨온도 변환
1.3 논리연산 선택기
1.4 While 루프 활용
1.5 웨이브폼 차트의 사용
1.6 시프트 레지스터의 이해
1.7 for 루프 이용한 이동평균

학습목표 및 내용

- 강의 및 교재 소개
- LabVIEW의 프로그래밍 기법 소개
- 간단한 LabVIEW 프로그래밍

➤ 1.1 사칙연산 프로그래밍

(1) 과제 설명

- 프런트패널에서 두 수를 입력하여 합과 빼기를 계산하는 프로그램이다.
- 두 수는 프런트패널에 숫자형 컨트롤로 입력하게 한다.
- 계산 결과인 합과 빼기는 프런트패널에 숫자형 인디케이터로 각각 표시하게 한다.

(2) 동작 순서

- 프런트패널에 있는 두 수 'a'와 'b'의 숫자형 컨트롤에 숫자를 입력한다.
- 입력된 두 수가 블록다이어그램에 합과 빼기에 대한 함수로 계산한다.
- 계산된 합과 차는 프런트패널에 'a+b'라는 숫자형 인디케이터 및 'a-b'로 표시한다.
- 계산하고자 하는 두 수를 계속 입력하면 결과가 출력된다.

(3) LabVIEW 프로그램

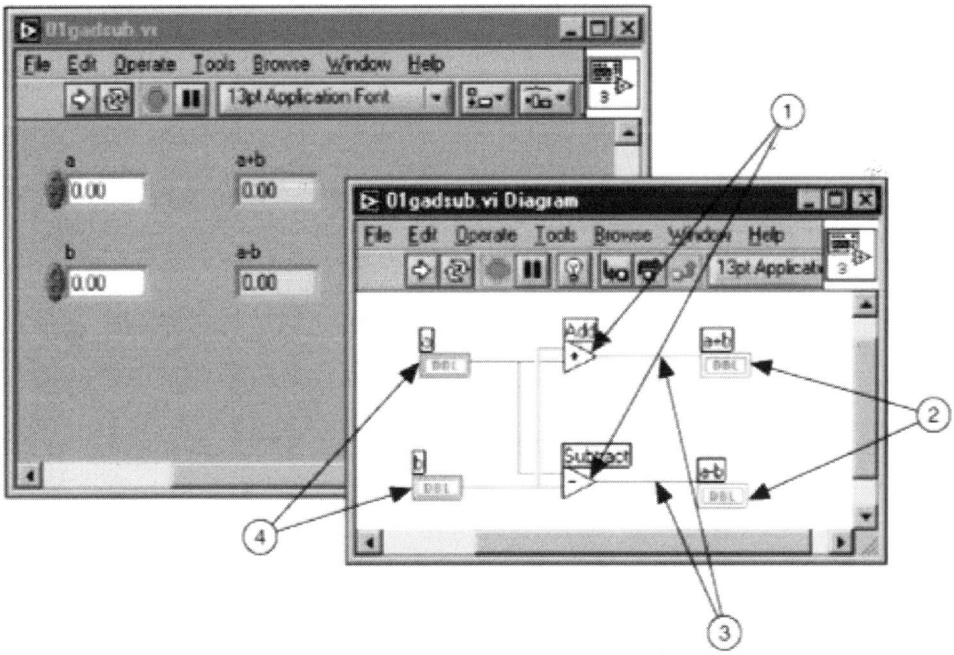

1. nodes 2. indicator terminals 3. wires 4. control terminals

1) 프런트패널

- VI는 프런트패널(Front Panel), 블록다이어그램(Block Diagram), 그리고 아이콘(icon)과 커넥터(connector pane)의 3가지 구성 요소로 되어있다. 프런트패널은 사용자와 대화식 인터페이스를 할 수 있는 실행 화면을 말하며, 컨트롤(Control)들과 인디케이터(Indicator)들로 구성된다. 컨트롤은 입력 기능을, 인디케이터는 출력 기능을 한다. 컨트롤은 push button, knob, 다이얼과 같은 입력 장치들이다. 인디케이터는 그래프, LED와 같은 표시 장치들이다. 컨트롤은 계기의 입력 장치를 모사하거나 블록다이어그램에 데이터를 공급하는 역할을 한다. 인디케이터는 계기의 출력 장치를 모사하거나 블록다이어그램에서 처리되고 만들어진 데이터를 표시하는 역할을 한다.
- 컨트롤 팔레트를 사용하여 프런트패널에 컨트롤들을 배치한다. 컨트롤 팔레트는 프런트패널에서만 사용 가능하다. 컨트롤 팔레트는 Window>>Show Control Palette 메뉴나 프런트패널의 작업 공간에서 마우스 오른쪽 버튼을 클릭하면 표시된다.

a. 숫자 관련 컨트롤과 인디케이터

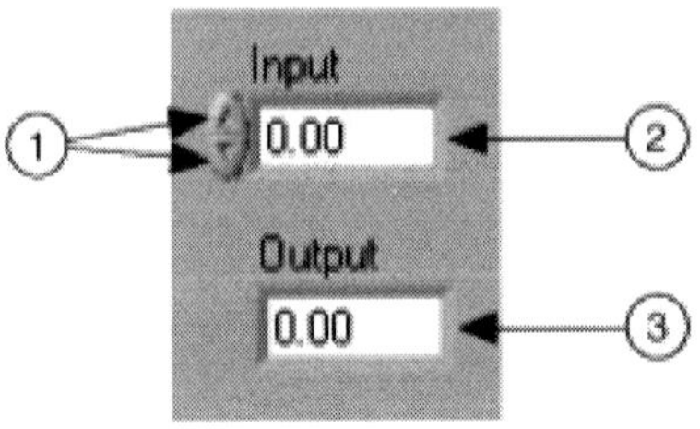

1. 증감 버튼
2. 디지털컨트롤
3. 디지털 인티케이터

- 숫자 관련 컨트롤과 인디케이터 중 대표적인 것이 위 그림에서 보는 것과 같은 디지털 컨트롤과 인디케이터이다. ②의 컨트롤의 숫자를 변경하는 방법은 ①의 화살표를 마우스로 클릭하거나 숫자를 클릭한 후 직접 입력하는 것 2 가지가 있다. ③은 표시 장치이므로 수정은 직접 할 수 없다.

b. 이진 컨트롤과 인디케이터

- 이진 컨트롤과 인디케이터를 사용하여 2진 값(True 또는 False)을 입력하거나 표시한다. 이진 컨트롤에는 스위치, 푸시 버튼 등이 있고, 인디케이터에는 LED 등이 있다.

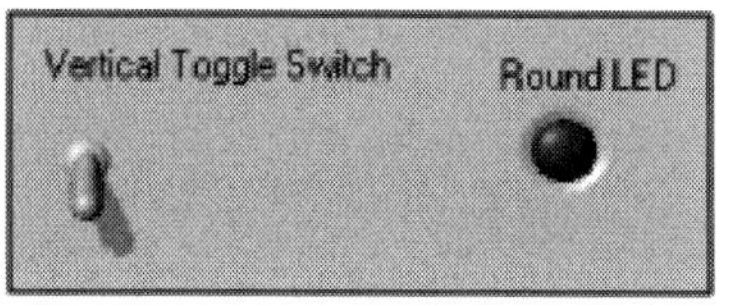

c. 컨트롤과 인디케이터 설정하기

- 대부분의 컨트롤과 인디케이터들은 단축 메뉴로 설정을 변경할 수 있다. 단축 메뉴는 해당 object를 마우스 오른쪽 버튼을 누르면 나타난다.

2) 블록다이어그램

- 블록다이어그램은 노드, 터미널 그리고 와이어들로 구성된다.

a. 노드 (Node)

- 노드는 입력이나 출력(또는 2가지 모두)을 가지고 있으며, VI가 실행될 때 어떤 동작을 수행하는 블록다이어그램 상의 object이다. C 언어에서의 연산자, 함수 등과 같은 역할을 갖는다. LabVIEW에서는 function, SubVI, structure 등이 노드에 해당한다.
- Function은 내장 실행 요소이다. SubVI는 다른 VI의 블록다이어그램에서 사용되는 VI를 말한다. Structure는 Sequence structure, Case structure, For Loop, While Loop 등과 같이 처리 제어 요소를 말한다.

b. 터미널 (Terminal)

- 프런트패널의 object들이 블록다이어그램에서 터미널로 나타난다. 터미널은 컨트롤이나 인디케이터의 데이터 형을 나타낸다.
- 터미널은 프런트패널과 블록다이어그램 간의 데이터 교환 창구 역할을 한다. 프런트패널의 컨트롤이나 인디케이터들은 블록다이어그램 내의 터미널들과 1:1로 대응한다. 일반적으로 function과 SubVI들은 노드 터미널을 가지고 있으며 이들을 통해 처리에 필요한 데이터를 받아들이거나 처리된 데이터를 다른 function 또는 VI 등로 출력할 수 있다.
- function상의 올바른 터미널에 연결하기 위해 function의 노드를 마우스 오른쪽 버튼으로 클릭한 다음 shortcut menu에서 Visible Items>>Terminals을 선택하면 connector pane을 표시하게 한다.

c. 와이어 (Wire)

- 블록다이어그램 상의 object들은 와이어를 통해 데이터를 전달한다. 각 와이어는 한 개의 데이터 원(data source)을 가지며 여러 개의 VI나 function들로 연결될 수 있다. 와이어는 데이터 형에 따라 선의 색, 모양, 굵기가 달라진다.
-

Wire Type	Scalar	1D Array	2D Array	Color
Numeric				Orange (floating-point), Blue (integer)
Boolean				Green
String				Pink

d. 데이터플로우 프로그래밍 (Dataflow Programming)

- LabVIEW는 실행할 때 데이터 플로우 모델을 따른다. 블록다이어그램 노드는 모든 입력이 들어왔을 때 실행을 시작한다. 노드가 처리를 완료하였을 때 출력 터미널을 통해 데이터를 dataflow 상의 다음 노드로 데이터를 전달한다.

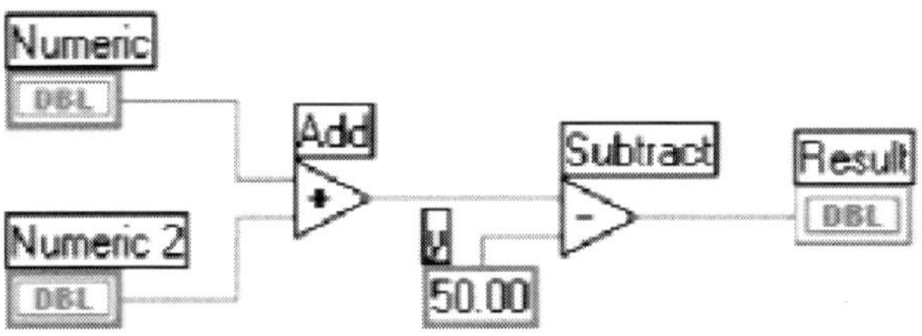

- 위의 그림에서 "-" 노드는 왼쪽의 "+" 노드의 계산 결과가 나와야 그 결과에서 50.0을 빼고 그 결과를 "Result" 인디케이터에 전달한다.

e. 컨트롤, VI, Function들 찾기

 Up : 팔레트 계층 구조에서 상위 단계로 이동

 Search : 팔레트를 탐색 모드로 변경한다. 탐색 모드에서는 문자열로 원하는 내용을 찾을 수 있다.

 Options : Function Browser Options 대화창을 연다.

【실습문제 1.1】 사칙연산 프로그램 확장

(1) 문제 설명

- 프런트패널에서 두 수를 입력하면 더하기, 빼기, 곱하기, 나누기를 계산하라.
- 두 수는 프런트패널에 숫자형 컨트롤로 입력하게 한다.
- 계산 결과인 합과 차는 프런트패널에 숫자형 인디케이터로 각각 표시하게 한다.

(2) 동작 순서

- 프런트패널에 있는 두 수 'a'와 'b'의 숫자형 컨트롤에 숫자를 입력한다.
- 입력된 두 수가 블록다이그램에 더하기, 빼기, 곱하기, 나누기에 대한 함수로 계산한다.
- 계산된 사칙연산은 프런트패널에 'a+b', 'a-b', 'a*b', 'a/b'로 표시한다.
  원하는 두 수를 계속 입력하면 계산 결과를 확인할 수 있다.

(3) LabVIEW 프로그램

1) 프런트패널

2) 블록다이어그램

➤ 1.2 섭씨온도 변환 프로그램

(1) 과제 설명

- 프런트패널에서 입력된 섭씨온도를 화씨로 바꿔 주는 프로그램이다.
- 섭씨온도는 프런트패널에 숫자형 컨트롤에서 입력하게 한다.
- 화씨온도는 프런트패널에 숫자형 인디케이터 및 온도계로 각각 표시하게 한다.

(2) 동작 순서

- LabVIEW 프로그램에서 연속 실행을 선택한다.
- 프런트패널에 있는 'degC'라는 숫자형 컨트롤에서 바꿀 온도를 입력한다.
- 입력된 섭씨온도가 블록다이그램에 의해 화씨온도로 바뀐다.
- 변환된 화씨온도가 프런트패널에 'degF'라는 숫자형 인디케이터 및 'ThertometerF'라는 온도계로 표시한다.
- 원하는 섭씨온도를 계속 입력한다.

(3) LabVIEW 프로그램

1) 프런트패널

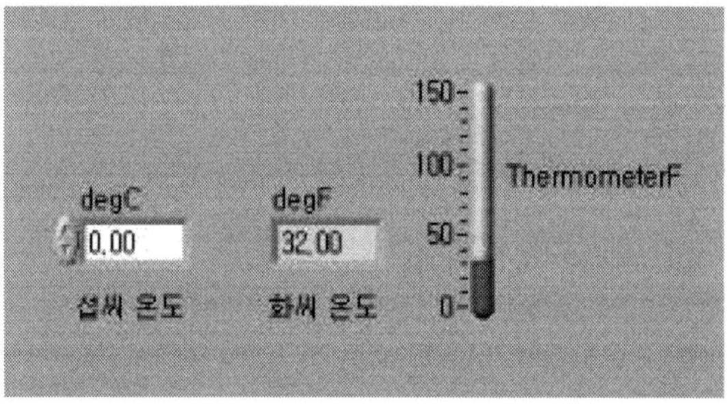

2) 블록다이어그램

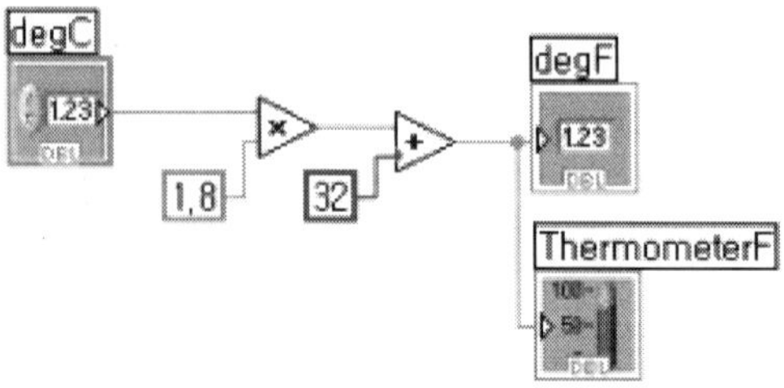

(4) LabVIEW 프로그램 세부 설명

1) 프런트패널 만들기

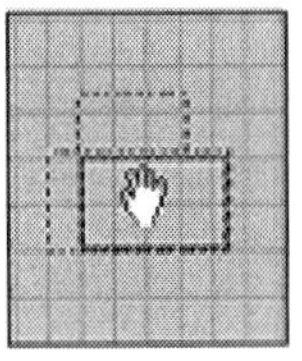

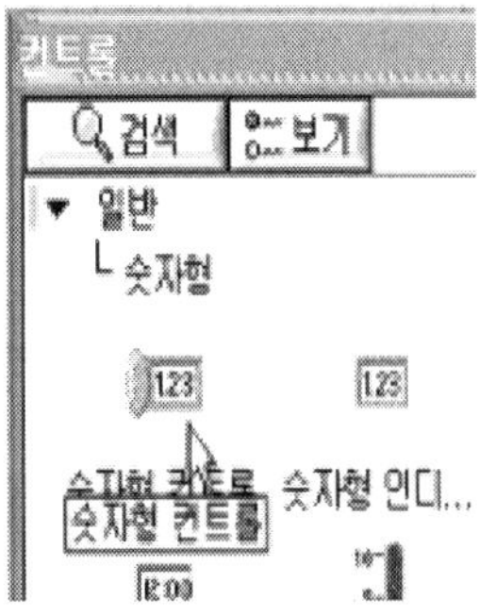

- 컨트롤 팔레트≫일반≫숫자형에서 숫자형 컨트롤을 왼쪽 클릭을 누르고 프런트 패널에 원하는 위치까지 가져가 왼쪽 클릭을 놓는다.
- 숫자형 인디케이터 및 온도계도 위와 같은 방법으로 입력한다.
- 숫자형 컨트롤의 라벨은 '숫자형'으로 되어 있는데 그것을 더블 클릭해서 'degC'로 바꿔 준다.
- 숫자형 인디케이터의 라벨 '숫자형2' 및 온도계 라벨 '온도계'도 위와 같이 라벨을 더블 클릭하여 'degF' 및 'ThermometerF'로 바꿔 준다.
- 온도계의 스케일은 0-100이 되는데 '100'을 더블 클릭해서 '150'으로 바꿔준다.

2) 섭씨를 화씨로 변환하는 수식

$$°F = \frac{9}{5}℃ + 32$$

- 섭씨를 화씨로 변환하는 수식에서 섭씨온도를 $\frac{9}{5}$와 곱하고 32를 더하면 얻어진다.
- $\frac{9}{5}$는 1.8과 동일해 블록 다이그램에서 섭씨온도를 1.8과 곱하고 32를 더해도 상관없다.
- 블록 다이그램에서 함수 팔레트≫프로그래밍≫숫자형에서 '곱하기'함수를 입력하고, 'degC'의 출력을 곱하기 함수의 'x'에 연결한다.

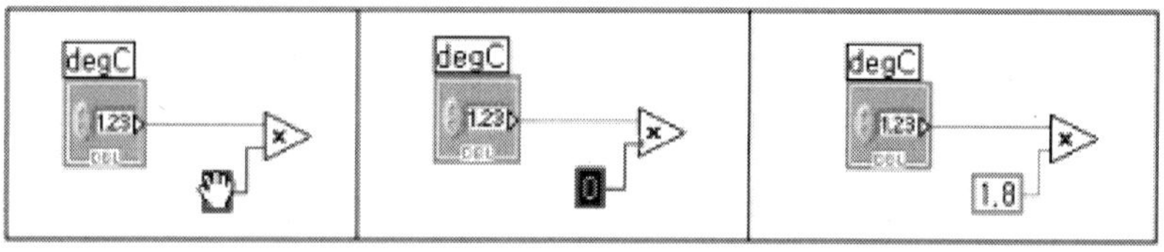

• 함수팔레트≫프로그래밍≫숫자형에서 '숫자상수'를 그림처럼 입력하고 '0'을 '1.8'로 바꾼다.

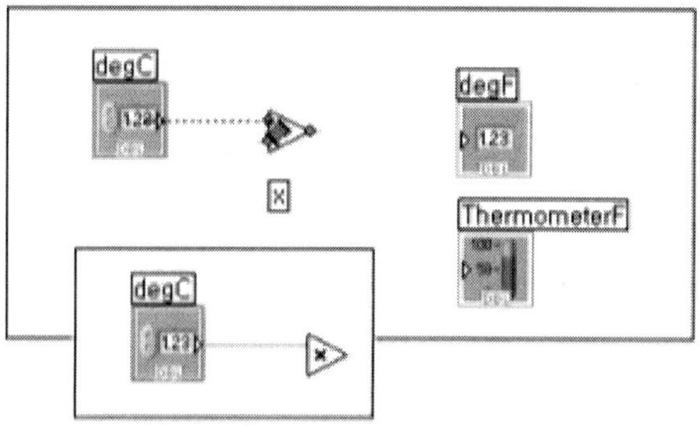

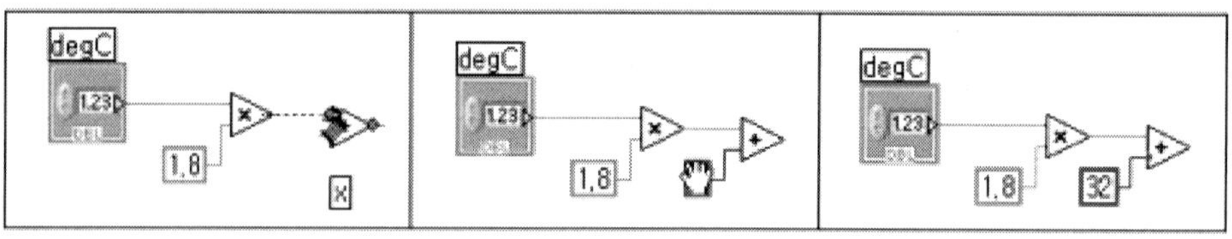

• 함수팔레트≫프로그래밍≫숫자형에서 '더하기'함수를 입력해서 그림처럼 '곱하기'의 출력(x×y)을 '더하기'의 입력(x)에 연결한다.
• 위와 마찬가지로 '숫자 상수'를 입력하여 그 상수를 '32'로 바꿔 준다.

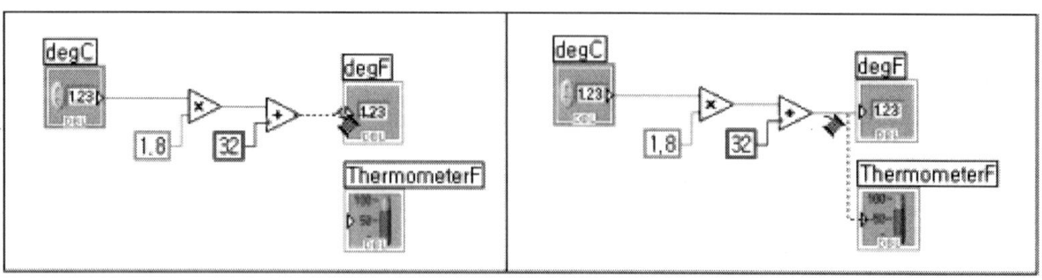

• '더하기'의 출력(x+y)을 숫자형 인디케이터(degF) 및 온도계(ThermometerF)로 선을 연결하도록 한다.

【실습문제 1.2】 화씨를 섭씨로 변환

(1) 문제 설명

- 프런트패널에서 입력된 화씨온도를 섭씨로 바꿔 주는 프로그램을 작성하라.
- 화씨온도는 프런트패널에 숫자형 컨트롤에서 입력하게 한다.
- 섭씨온도는 프런트패널에 숫자형 인디케이터 및 온도계로 각각 표시하게 한다.

(2) 동작 순서

- LabVIEW 프로그램에서 연속 실행을 선택한다.
- 프런트패널에 있는 'degF'라는 숫자형 컨트롤에서 바꿀 온도를 입력한다.
- 입력된 화씨온도가 블록다이그램에 의해 섭씨온도로 바뀐다.
- 변환된 섭씨온도가 프런트패널에 'degC'라는 숫자형 인디케이터 및 'ThertometerC'라는 온도계로 표시한다.
- 원하는 화씨온도를 계속 입력한다.

(3) LabVIEW 프로그램

1) 프런트패널

2) 블록다이어그램

【실습문제 1.3】 온도변환 SubVI 만들기

온도변환(섭씨→화씨) VI 프로그램을 SubVI로 만들기 위해 아이콘과 커넥터를 만들어보자.

(1) CtoF.VI를 찾아 열고, 프런트패널에 다음과 같은 정리한다.

(2) 프런트패널 우측상단에 있는 아이콘을 더블 클릭하여 아이콘을 다음과 같이 변경한다.

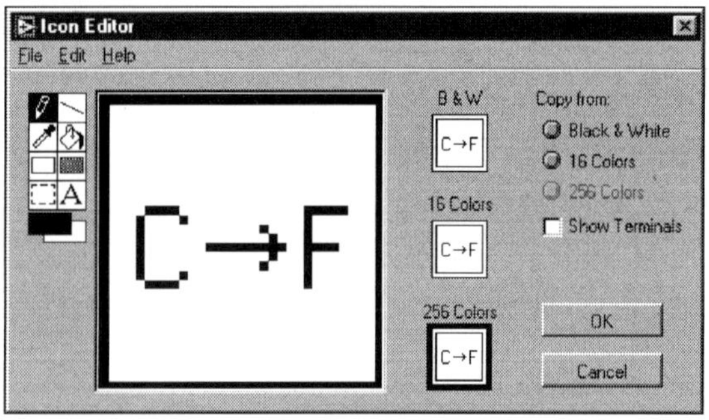

① 왼쪽에 있는 버튼을 사용하여 기존 아이콘의 가운데 부분을 선택한 후 〈Delete〉 키를 사용하여 모두 지운다.

② 왼쪽 버튼을 사용하여 테두리를 다시 그린다.

③ 왼쪽 버튼을 더블 클릭하여 폰트 크기(12 또는 14)를 변경한다. C와 F를 입력한다.

④ 왼쪽 버튼을 선택한 후 화살표를 그린다.

그러면 다음 그림과 같은 아이콘이 만들어진다. OK 버튼을 눌러 프런트패널로 돌아가면 우측 상단의 아이콘 모양이 변경된다.

(3) 아이콘을 마우스 오른쪽 버튼으로 눌러 Show Connector 메뉴를 선택한다.

그러면, 왼쪽 그림과 같은 모양이 나타난다. 즉, 터미널이 나타나며 터미널의 수는 프런트패널에 있는 컨트롤과 인디케이터의 수와 같다.

(4) 마우스로 터미널의 왼쪽 것을 누르면 검은 색으로 변하며, 이 터미널에 해당하는 컨트롤(deg C)을 프런트패널에서 누르면 연결된다.

다음 프런트패널의 빈 공간을 클릭한다. 그러면 터미널의 색이 붉은색으로 바뀔 것이다. 이는 해당 컨트롤의 데이터 형에 맞게 색상이 변한다.

(5) 마우스로 터미널의 오른쪽을 click한다.

프런트패널의 deg F Indicator를 클릭한 다음 프런트패널의 빈 공간을 클릭한다.

(6) 저장한 후 파일을 닫는다.

➤ 1.3 논리연산 선택기

(1) 과제 설명

- 프런트패널에서 입력된 두 값의 AND나 OR출력을 표시하는 프로그램이다.
- 프런트패널에서 논리연산 AND나 OR를 슬라이드 스위치로 선택하게 한다.
- 논리연산할 두 값을 수직 토글 스위치로 입력하게 한다.
- 출력은 라운드 LED로 표시하게 한다.

(2) 동작 순서

- LabVIEW 프로그램을 연속실행 한다.
- 'Selection'에 AND나 OR를 선택한다.
- 'signal1'과 'signal2'는 프런트패널에 있는 수직 토글 스위치에 의하여 입력되어 선택된 논리연산을 시작한다.
- 출력은 프런트패널에 'Result'라는 라운드 LED로 표시한다.
- 프로그램을 종료한다.

(3) LabVIEW 프로그램

1) 프런트패널

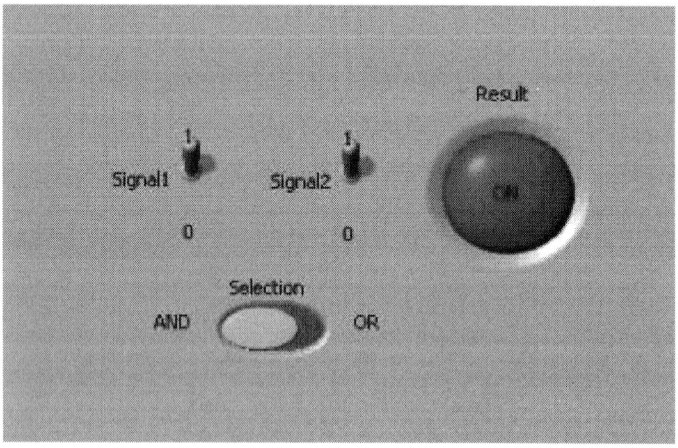

2) 블록다이어그램

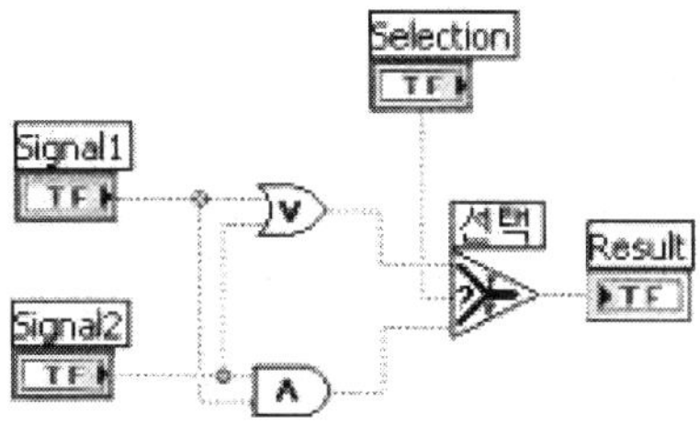

(4) LabVIEW 프로그램 세부 설명

1) '선택' 함수

- 함수 팔레트≫프로그래밍≫비교에 위와 같은 '함수'가 있다.
- s의 값에 따라 t입력 또는 f입력에 연결된 값을 반환하는 함수다.
- s가 참인 경우, t에 연결된 값을 반환하고; s가 거짓인 경우, f에 연결된 값을 반환한다.
- 'Selection'이라는 슬라이드 스위치가 참인 경우, t와 f에 입력된 값을 AND논리 연산을 해서 출력을 한다.
- 반면 'Selection'이라는 슬라이드 스위치가 거짓인 경우, t와 f에 입력된 값을 OR 논리연산을 해서 출력한다.

2) 논리연산 입력

- 함수 팔레트≫프로그래밍≫불리언에 AND 및 OR 함수가 있다.
- 프런트패널에 두개의 수직토글 스위치의 출력은 각각 AND 및 OR 함수의 두 입력(x,y)에 연결하고, AND함수의 출력(x.and.y?)을 '선택'함수의 입력(t)에 연결한다.
- OR함수의 출력(x.or.y?)을 '선택'함수의 입력(f)에 연결한다.

➤ 1.4 While 루프 활용

(1) 과제 설명

- while 루프의 구조 및 쓰는 법을 이해하기 위한 프로그램이다.
- 프런트패널에서 두 개의 수직 토글스위치로 두 while 루프의 '루프조건'으로 입력을 주게 한다.
- 하나는 '참인경우 계속'으로 이름을 주고, 그에 연결되는 while 루프의 '루프조건'도 '참인경우 계속'으로 설정한다.
- 나머지 하나의 수직 토글스위치도 '참인경우 정지'로 이름을 주고, 그에 연결되는 while 루프의 '루프조건'도 '참인경우 정지'로 설정한다.
- 두 수직 토글스위치 밑에 각 while 루프가 몇 번 반복 실행하고 있는 지를 '반복횟수'라는 숫자형 인디케이터로 표시하게 한다.

(2) 동작 순서

- '참인경우 계속' 수직 토글스위치를 ON하고; '참인경우 정지' 수직 토글스위치를 OFF 한다.
- LabVIEW 프로그램을 실행시킨다.
- 각 while 루프가 지금 몇 번 반복실행하고 있는지를 '반복횟수' 숫자형 인디케이터로 표시한다.
- '참인경우 계속' 수직 토글스위치를 OFF 한다.
- '참인경우 정지' 수직 토글스위치를 ON 한다.

(3) LabVIEW 프로그램

1) 프런트패널

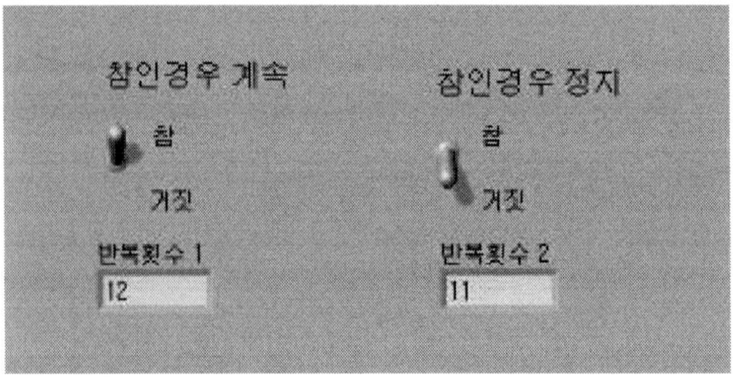

2) 블록다이어그램

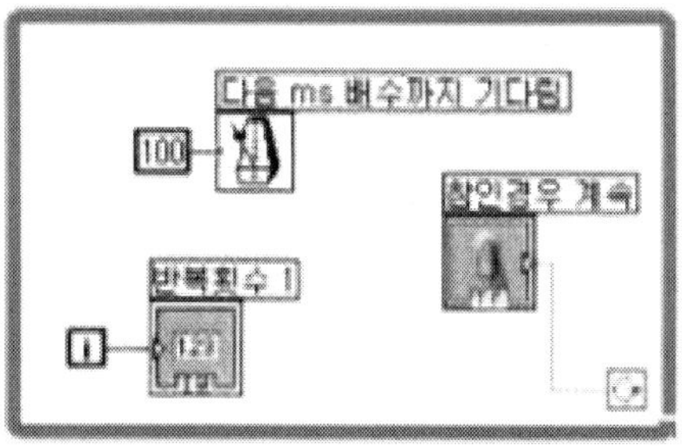

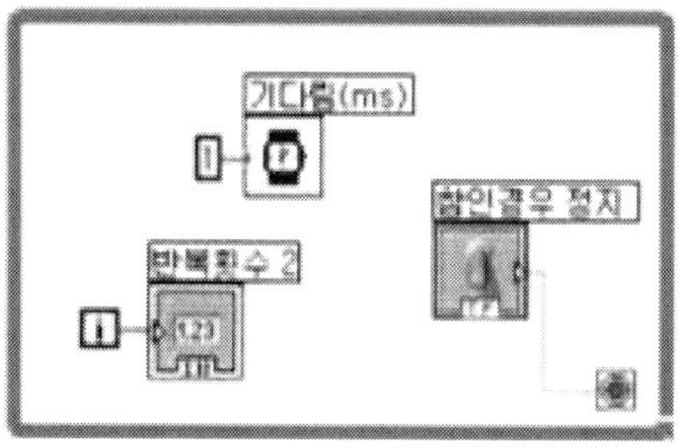

(4) LabVIEW 프로그램 세부 설명

1) while 루프의 구조

- 조건 터미널이 특정 불리언 값을 받을 때까지 서브다이어그램을 반복한다.

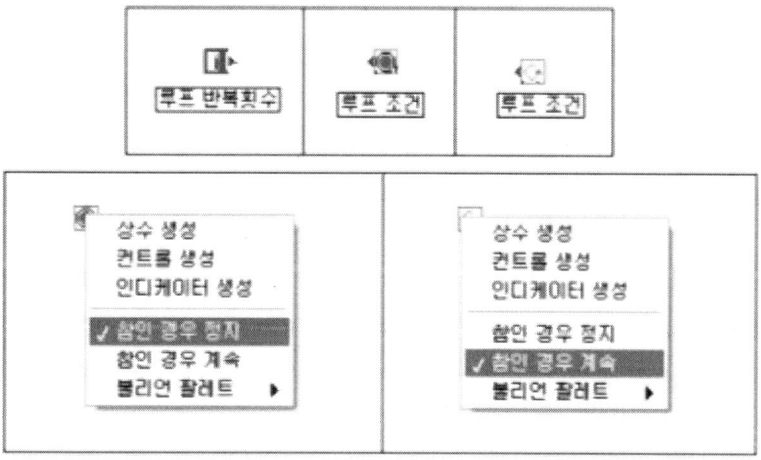

- 조건 터미널에서 마우스 오른쪽 버튼을 클릭한 후 바로가기 메뉴에서 참인 경우 정지 또는 참인 경우 계속을 선택할 수 있다.
- While 루프는 항상 한번 이상 실행되는데 반복(i) 터미널은 현재 루프의 반복수를 나타내며, 첫 번째 반복에서는 제로(0)이다.

【실습문제 1.4】 랜덤함수를 이용한 주사위 프로그램

(1) 문제 설명

- 프런트패널에서 사용자가 1~6 사이의 숫자를 선택하면 랜덤 함수를 사용하여 동일한 숫자가 나올 때 반복회수를 출력하는 프로그램을 작성하라.
- 주사위는 프런트패널에 다이얼 1~6의 정수로 입력하게 한다.
- 주사위 값(1~6)은 디지털 컨트롤, 랜덤 함수의 값(1~6)은 디지털 인디케이터로 프런트패널에 각각 표시하게 한다.

(2) 동작 순서

- 프런트패널에 있는 주사위 다이얼 숫자형 컨트롤에서 원하는 숫자(1~6)를 선택한다.
- 선택된 주사위 값이 블록 다이그램에 랜덤 함수의 값(1~6)과 서로 비교한다.
- 주사위 값과 랜덤 값은 프런트패널에 각각 다이얼로 표시한다.
- 원하는 주사위를 선택하면 랜덤 값과 계속 비교하고 동일한 값이 나올 때 반복회수를 출력할 수 있다.

(3) LabVIEW 프로그램

1) 프런트패널

2) 블록다이어그램

1.5 웨이브폼 차트의 사용

(1) 과제 설명

- For루프를 이용하여 난수를 100번 실행하고 웨이브폼 차트로 표시하는 프로그램이다.
- 난수(0-1)를 10과 곱해서 난수의 폭은 10배 늘어낸다.
- 발생한 난수 중에 5이상 되면 'IsG5'라는 라운드 LED가 켜지게 한다.

(2) 동작 순서

- LabVIEW 프로그램을 실행시킨다.
- 프로그램 내부에서 난수를 생성하여 웨이브폼 차트로 표시한다.
- 'IsG5'라는 라우드 LED가 켜지고 꺼진다.
- 프로그램을 종료한다.

(3) LabVIEW 프로그램

1) 프런트패널

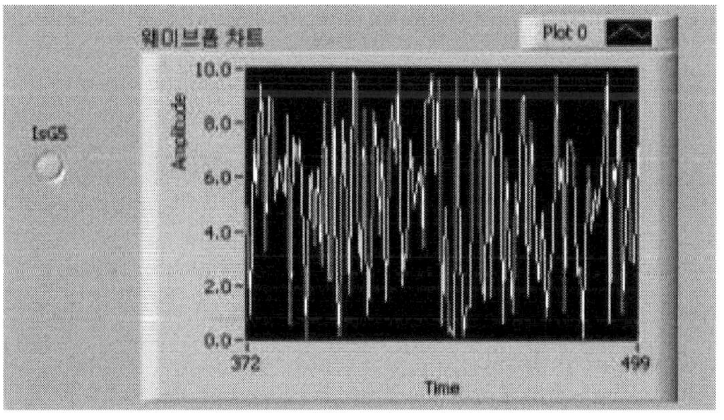

2) 블록다이어그램

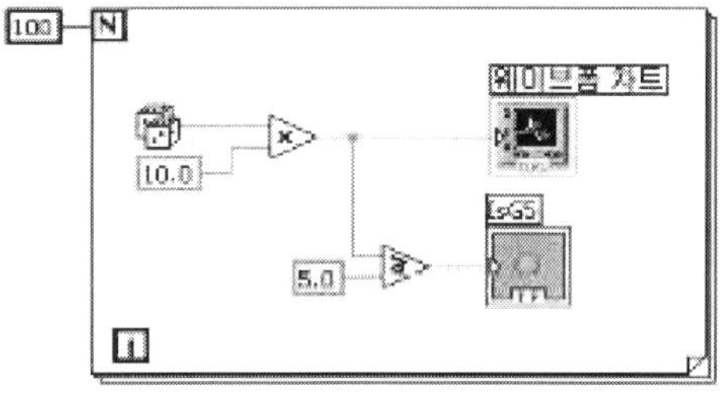

(4) LabVIEW 프로그램 세부 설명

1) 데이터생성 및 비교

- 난수(0–1)를 10.0과 곱해서 생성된 임의의 수는 0~10의 범위를 지정한다.
- 생성된 데이터를 웨이브폼 차트로 연결한다.
- 그 데이터를 '보다 크거나 같음?' 함수의 입력(x)에 연결하여 그 함수의 입력(y)에는 5.0인 상수와 연결한다.
- 비교함수의 출력을 'IsG5' 라운드 LED로 연결하여 생성된 임의의 수가 5이상이면 비교함수의 출력이 참이 되어, 라운드 LED가 켜진다.

1.6 시프트 레지스터의 이해

(1) 과제 설명

- 시프트 레지스터의 동작을 확인하기 위한 프로그램이다.
- 프런트패널의 'Value1'의 숫자
- 형 인디케이터는 프로그램이 실행하자 초기값이 5이고, 다시 0으로 바꾸고 while루프를 반복실행할 때마다 1증가해서 4까지 가게 한다.
- 'Value2'라는 숫자형 인디케이터는 while루프가 실행 정지한 다음 최종적인 값을 표시하게 한다.

(2) 동작 순서

- LabVIEW 프로그램을 실행시킨다.
- 블록다이그램에 의해 출력된 'Value1' 및 'Value2'를 각각 프런터패널의 숫자형 인디케이터로 표시한다.
- 프로그램이 종료한다.

(3) LabVIEW 프로그램

1) 프런트패널

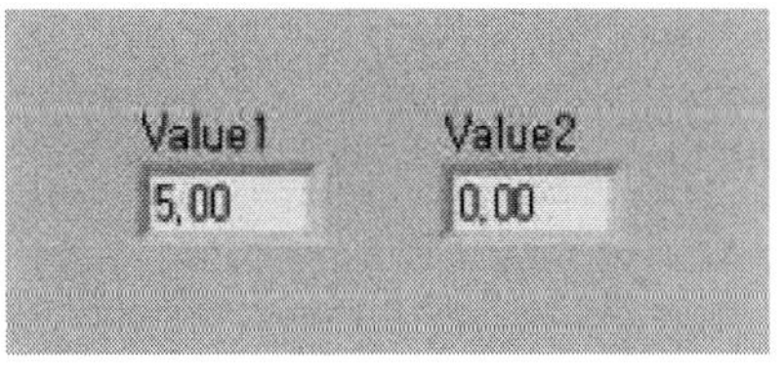

2) 블록다이어그램

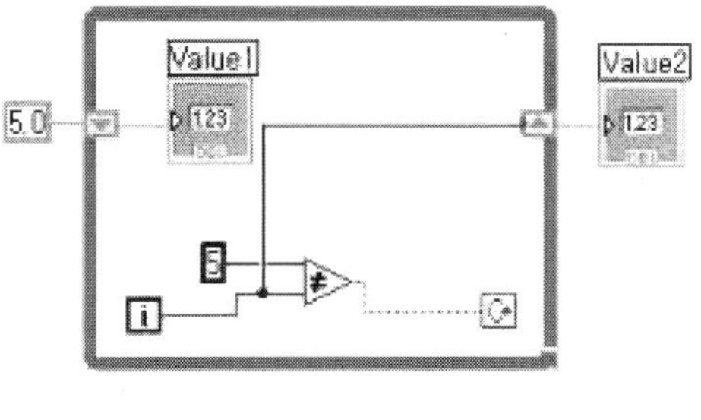

(4) LabVIEW 프로그램 세부 설명

1) while 루프의 동작

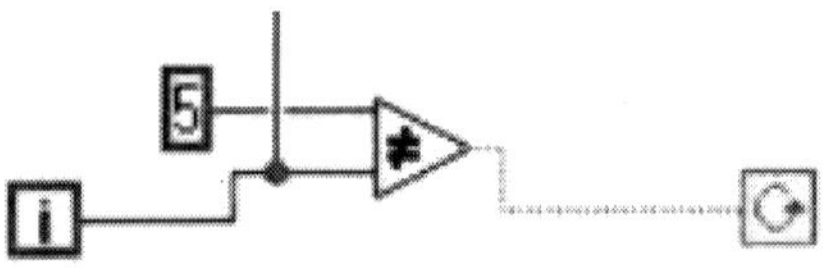

- 프로그램이 시작하자 while루프가 계속 반복한다.
- 반복 터미널(i)은 while루프반복횟수를 나타내는데 0부터 시작하므로 I는 5와 같지 않으면 계속 실행하는 것은 이 while루프를 6번 실행하고 반복터미널(i)이 5일 때 while 루프를 종지해 루프에서 빠져 나간다는 뜻이다.

2) 시프트레지스터의 동작

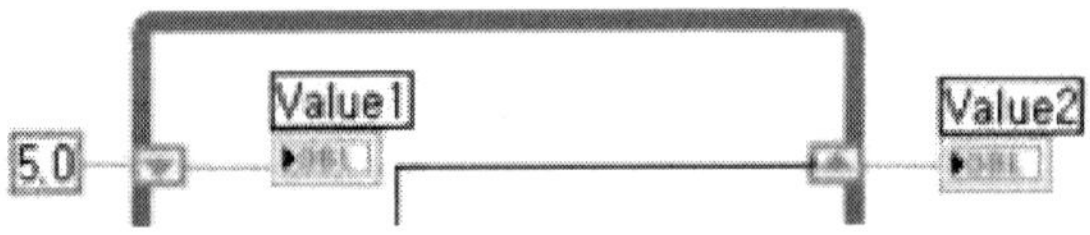

- 이전 반복의 값을 루프를 통해 다음 반복으로 전달하고자 할 때 시프트 레지스터를 사용한다.
- 시프트 레지스터는 루프 경계의 양 옆에 서로 반대인 터미널 쌍이 있는데 루프 오른쪽의 터미널에는 윗방향 화살표가 있고 반복이 끝날 때마다 데이터를 저장한다.
- LabVIEW는 레지스터의 오른쪽에 연결된 데이터를 다음 반복으로 전달한다.
- 루프가 실행된 후에 루프의 오른쪽의 터미널은 시프트 레지스터에 저장된 마지막 값을 반환한다.
- 프로그램이 실행하자 while루프가 계속 반복 실행한다.
- while루프 한 번 반복 실행할 때 시프트 레지스트의 초기 값 5를 표시한다.
- 두 번째 반복할 때 while루프가 첫 번째 실행했을 때 저장했던 '0'인 값을 표시한다.
- 위와 같이 while루프가 계속 실행하고 왼쪽 시프트 레지스터가 계속적으로 오른쪽 터미널의 시프트 레지스터가 저장했던 값을 표시한다.
- while루프가 6번 실행하고 종료하므로 마지막으로 'Value1'에 표시하는 값은 5이고, 'Value2'는 while루프에서 빠져나갈 때 while루프의 오른쪽 터미널의 시프트 레지스터가 저장하고 있는 값을 표시하므로 '5'로 표시된다.

➤ 1.7 for 루프 이용한 이동평균

(1) 과제 설명

- while루프대신 for루프 안에 시프트 레지스터를 이용하여 이동 평균을 구하는 프로그램이다.
- 온도를 나타내는 'Rand Tmpr.vi' subVI를 사용해서 출력되는 데이터들을 프런트패널의 웨이브폼 차트에서 '임의의 온도'로 표시하게 한다.
- 이동평균은 최근 3개의 데이터를 사용하여 구하며, 웨이브폼 차트에서 '이동평균'으로 표시하게 한다.
- '임의의 온도' 및 '이동평균'을 하나의 웨이브폼 차트에 표시하게 한다.

(2) 동작 순서

- LabVIEW 프로그램을 실행시킨다.
- 블록다이그램에서 for루프가 40번 반복실행하여 그 동안 임의의 온도와 그에 의한 최근 3개 테어터의 이동평균값이 프런트패널의 웨이브폼 차트에서 표시한다.
- 프로그램을 계속 실행 시키거나 데이터를 지워서 초기로 회복시키고 프로그램을 실행시킨다.
- 프로그램을 종료한다.

(3) LabVIEW 프로그램

1) 프런트패널

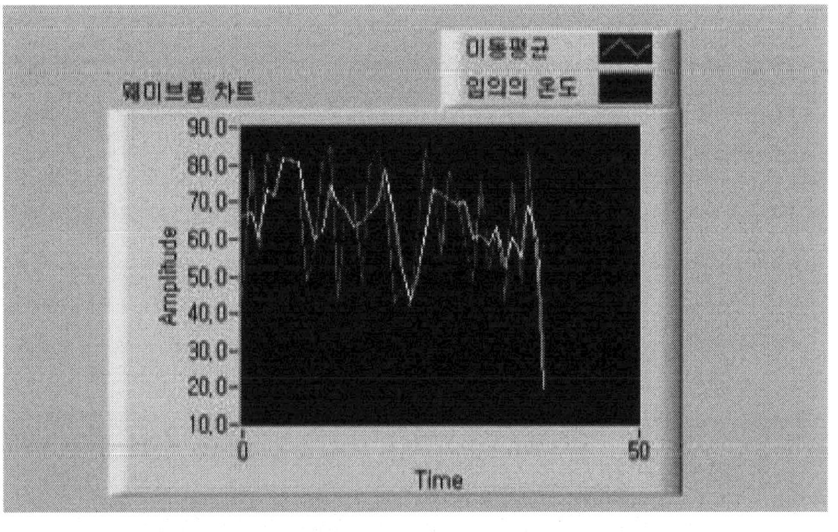

2) 블록다이어그램

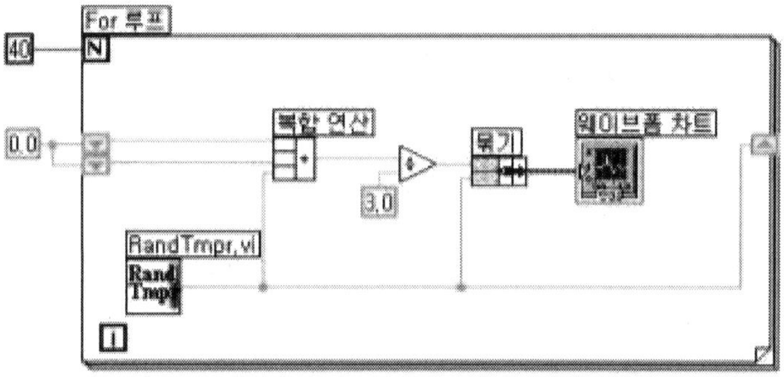

(4) LabVIEW 프로그램 세부 설명

1) for루프의 구조

- For 루프의 N 카운트 터미널을 꼭 연결해야 하는데 임의의 정수값을 N 카운트 터미널에 연결하면 그 임의의 정수값 만큼 for루프가 반복 실행된다.
- 여기서 For루프의 '루프 카운트'에 '40'인 정수를 연결해서 일단 프로그램이 실행되면 for루프가 자동적으로 40번 반복 실행할 것이다.
- For루프도 while루프와 마찬가지로 루프반복회수(i)라는 게 있는데 그것은 항상 0부터 시작된다.

2) 시프트 레지스터

- 시프트 레지스터는 for루프나 while루프에만 연결할 수 있다.
- 여기서 시프트 레지스터를 '0'인 값으로 초기화한다.
- 프로그램이 실행하자 'Rand Tmpr.vi'에 의해 임의의 온도 값 및 그 온도값에 의한 최근 3개의 평균값이 프런트패널에 표시한다.
- '임의의 온도' 및 '이동평균'의 데이터가 한 차트에 동시에 표현되도록 그 두 값들을 '묶이'함수로 묶는다.

CHAPTER 2

LabVIEW 제어문 활용

학습목표 및 내용

- LabVIEW의 제어문 소개
- LabVIEW의 제어문을 이용한 프로그래밍

➤ 2.1 배열의 사용

(1) 과제 설명

- 1차원 및 2차원 배열을 가지고 배열의 사용방법을 익히기 위한 프로그램이다.
- 6개의 난수를 실행하고 생성된 데이터들을 프런트패널에 '1차원 배열 인디케이터'라는 1차원 배열로 표시하게 한다.
- 배열의 크기를 '1차원 배역 인디케이터' 옆에 '크기'라는 숫자형 인디케이터로 표시 한다.
- 24개의 난수를 실행하고 생성된 데이터들을 프런트패널에 '2차원 배열 인디케이터'라는 4×6 배열로 표시하게 한다.
- 배열의 행 및 열의 크기는 '2차원 배열 인디케이터' 옆에 '배열의 행크기' 및 '배열의 열크기'라는 숫자형 인디케이터로 표시하게 한다.
- 블록다이그램에서 '배열초기화'라는 함수를 이용하여 프런트패널에 '1차원 배열 인디케이터2'라는 배열 인디케이터를 초기화시킨다.
- 블록다이그램에서 2개의 '배열상수'를 서로 곱하여 프런트패널에 '배열의 종합'이라는 배열 인디케이터를 만든다.

(2) 동작 순서

- 블록다이그램에서 생성된 데이터들은 프런트패널로 표시한다.

(3) LabVIEW 프로그램

1) 프런트패널

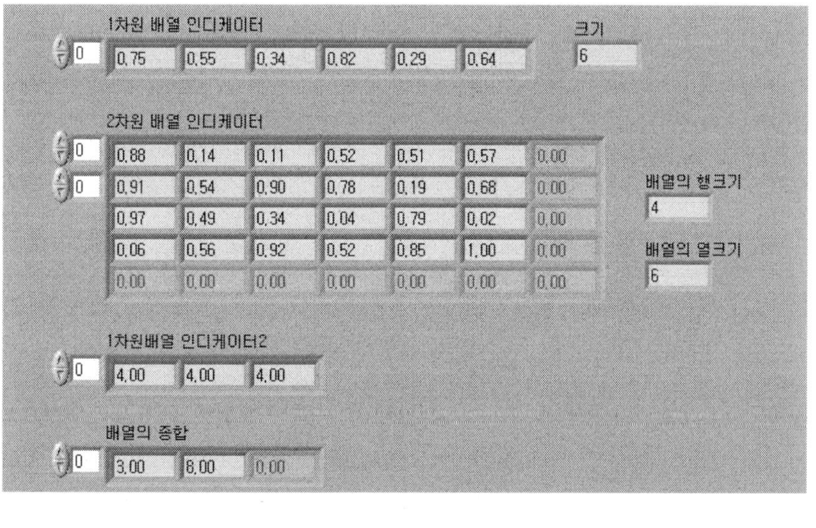

2) 블록다이어그램

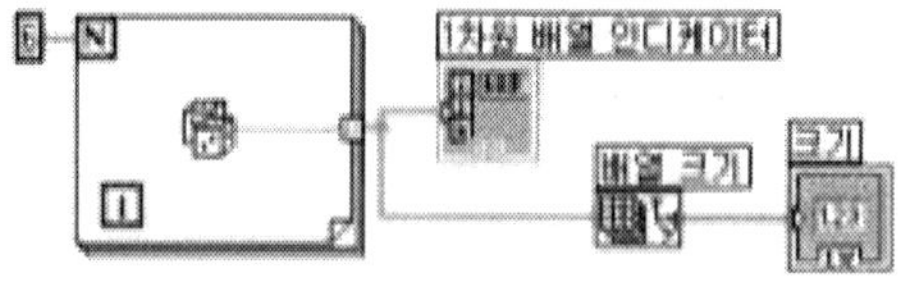

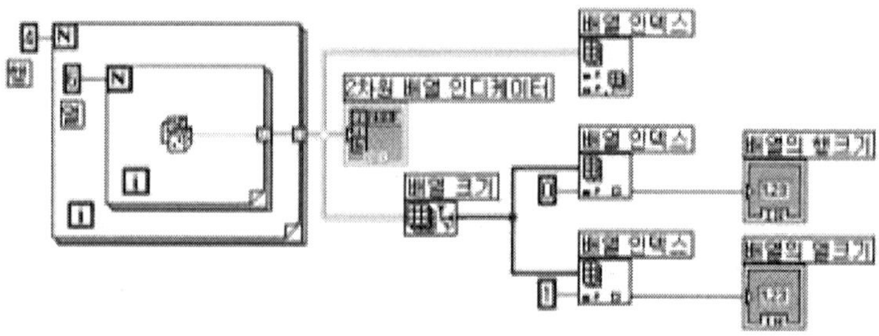

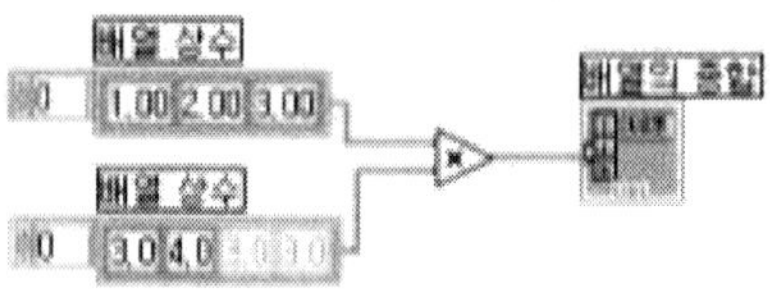

(4) LabVIEW 프로그램 세부 설명

1) 배열 데이터 생성하기

- 1D 배열을 생성할 때 For루프 하나를 이용하여 그 안에 난수(0-1)를 놓고, For루프의 '루프카운트(N)'에 원하는 배열원소 수를 입력하면 생성된 그 6개의 원소들은 배열로 표시하게 된다.
- 2D 배열을 생성할 때 일단 2개의 for루프가 필요로 한다.
- 위의 그림처럼 첫 for루프는 배열의 '열'의 원소들을 생성하고; 두 번째 for루프는 첫 for루프를 감싸며 배열의 '행'의 원소들을 생성한다.

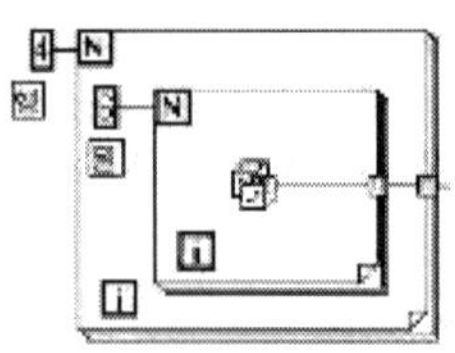

2) 배열의 크기 얻기

- 1D 배열의 크기를 찾는 경우 크기를 얻을 배열을 블록다이그램에서 '배열 크기' 라는 함수에 연결하면 그 함수의 출력은 바로 배열 크기로 나온다.
- 2D 배열의 크기를 찾는 경우 먼저 배열을 '배열 크기'함수에 연결하고 그 출력은 2차원으로 되어 있으므로 '배열 인덱스'라는 함수에 연결할 필요가 있다.
- '배열 인덱스'의 첫 번째 원소는 배열 행의 원소개수를 반환하고 두 번째 원소는 배열의 열의 원소개수를 반환한다.

3) 배열을 초기화

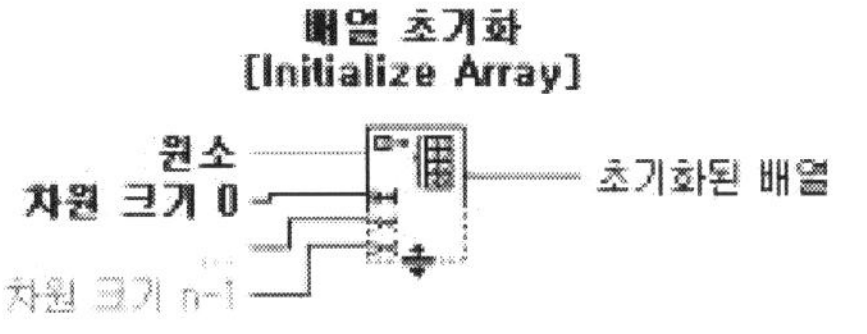

- 배열의 모든 원소가 원소의 값으로 초기화 되고, 차원크기에 입력한 상수만큼 n 차원의 배열이 생성된다.
- 여기서 원소가 4이고 차원크기가 3이므로 초기화된 배열은 모든 원소가 4이고 크기가 3인 1D배열이 생성하게 된다.

4) 배열상수의 사용

- 블록다이그램에서 함수팔레트≫프로그래밍≫배열에 '배열 상수'라는 것이 있는데 그 함수는 프런트패널의 '배열'과 유사하다.
- '배열 상수'를 블록다이그램에 놓고 함수팔레트≫프로그래밍≫숫자형에서 '숫자 상수'를 놓으면 배열이 완성된다.
- '배열 상수'를 오른쪽 클릭하면 바로가기 메뉴에 '차원추가', '차원제거' 등 선택 사항이 있다.

➤ 2.2 클러스터의 이해

(1) 과제 설명

- 클러스터를 사용하여 여러 타입의 데이터 원소를 그룹화하여 입·출력하는 프로그램이다.
- 한 클러스터 안에서 숫자형, 불리언 및 문자열의 컨트롤 묶어 있어 '클러스터 컨트롤'로 이름을 주게 한다.
- '클러스터 컨트롤'의 입력들을 '클러스터 인디케이터'로 그대로 표시하게 한다.
- '클러스터 컨트롤'의 입력들을 '풀기'함수를 통하여 클러스터를 이용하지 않고 그냥 출력하게 한다.

(2) 동작 순서

- LabVIEW 프로그램을 연속 실행시킨다.
- '클러스터 컨트롤'에 원하는 데이터들을 입력한다.
- '클러스터 컨트롤'의 데이터들을 바꾼다.
- 프로그램을 종료한다.

(3) LabVIEW 프로그램

1) 프런트패널

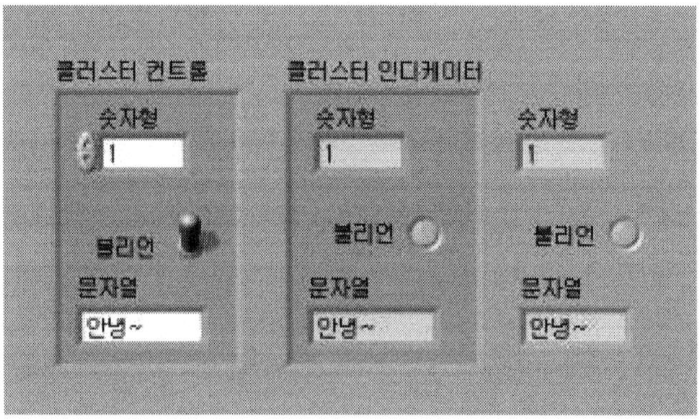

2) 블록다이어그램

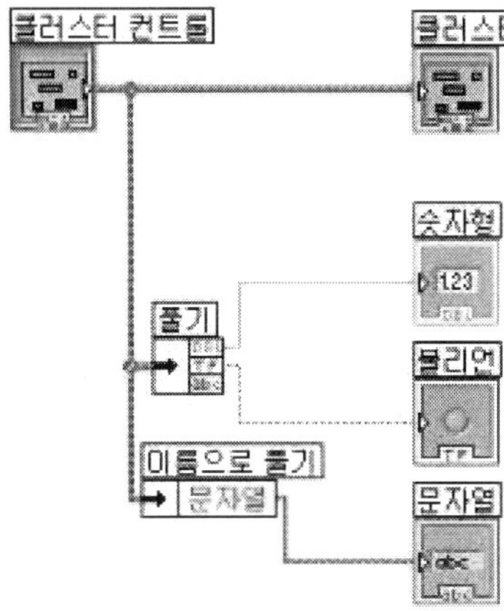

(4) LabVIEW 프로그램 세부 설명

1) 클러스터 생성

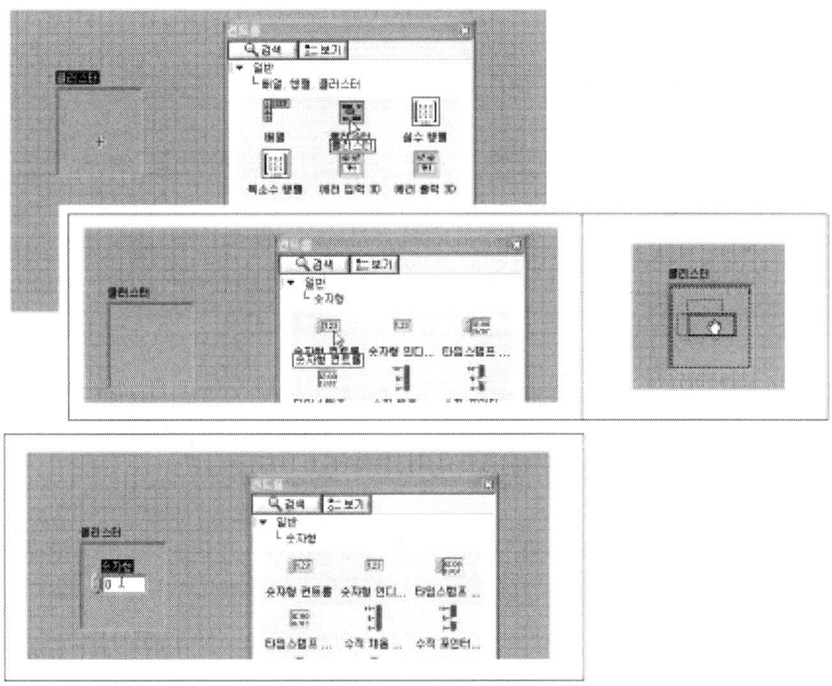

- 클러스터는 컨트롤팔레트≫일반≫배열,행렬,클러스터에서 찾을 수 있다.
- 컨트롤의 클러스터를 생성하려면, 먼저 클러스터를 프런트패널에 놓고, 원하는 컨트롤들을 클러스터 안에 넣으면 된다.

- 인디케이터의 클러스터도 마찬가지로 원하는 인디케이터들을 클러스터 안에 넣으면 된다.
- '클러스터 컨트롤' 안으로 먼저 가져온 데이터가 숫자형 컨트롤이고, 두 번째 가져온 데이터가 불리언 컨트롤이라면; '클러스터 인디케이터'로 먼저 가져온 데이터가 꼭 숫자형 인디케이터이고, 두 번째 가져온 데이터가 꼭 불리언 인디케이터이어야 문제가 발생하지 않는다.
- 즉, '클러스터 컨트롤' 및 '클러스터 인디케이터' 안으로 컨트롤 및 인디케이터를 넣는 데이터 타입 순서가 같아야 된다.

2) 클러스터 연결

- '클러스터 컨트롤'을 '클러스터 인디케이터'로 연결할 때 두 클러스터안의 데이터 순서가 서로 같으면 '클러스터 컨트롤'의 출력포트에서 '클러스터 인디케이터'의 입력포트로 선을 연결하면 된다.

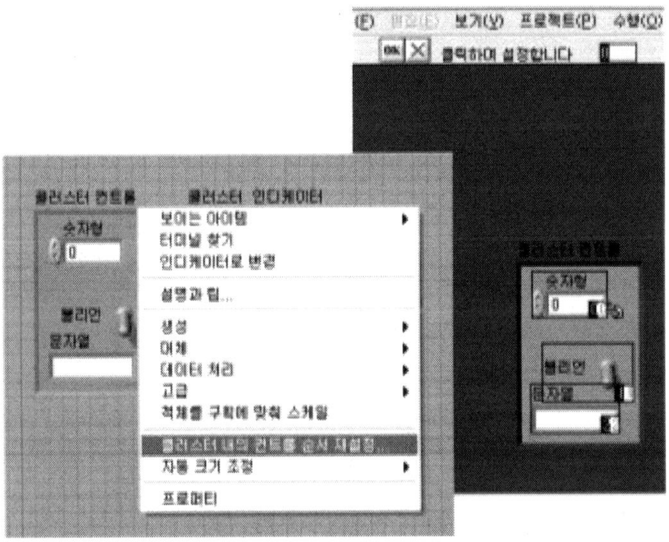

- 만약 두 클러스터 안의 데이터 순서가 틀리면 클러스터의 클러스터 안의 데이터 순서를 재설정할 필요가 있다.
- 데이터 순서를 바꿀 클러스터의 경계에서 마우스 오른쪽 버튼을 클릭한 후 바로가기 메뉴에서 클러스터 내의 컨트롤 순서 재설정...을 선택하여 클러스터 순서를 보고 수정할 수 있다.

3) 클러스터에서 원소 풀기

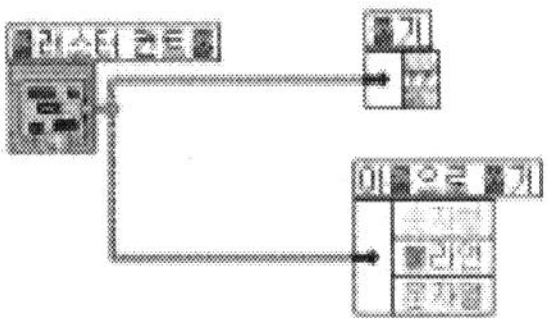

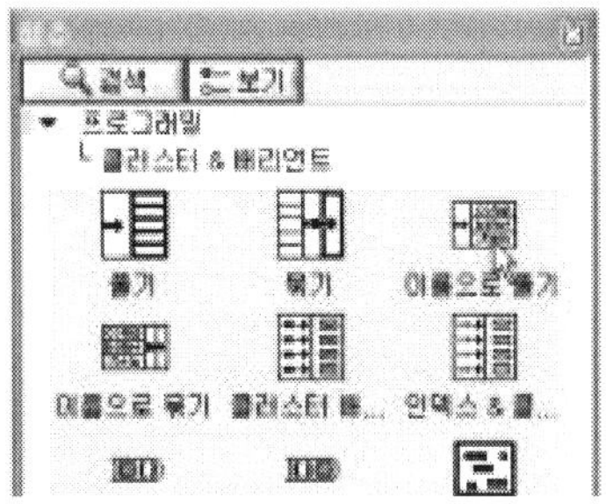

- 블록 다이그램에서 함수팔레트≫프로그래밍≫클러스터&배리언트에서 '풀기'함수를 찾아 놓는다.
- 클러스터를 '풀기'함수에 연결하면 된다. 각 원소의 데이터 타입 표현이 원소 출력으로 나타난다.
- 위 방법을 쓰지 않으면 이름으로 클러스터에서 모든 원소를 풀 수도 있다.
- 블록다이그램에서 함수팔레트≫프로그래밍≫클러스터&배리언트에서 '이름으로 풀기' 함수를 찾아 놓는다.
- 클러스터를 '이름으로 풀기'함수에 연결하면 된다. 클러스터 원서 순서에서 첫 번째 원소가 원소 출력에 나타난다.
- 그런데, 원소 출력에서 마우스 오른쪽 버튼을 클릭하고 바로 가기 메뉴에서 아이템 선택을 선택한 후, 원하는 원소를 선택할 수 있다.
- 위 방법으로 하지 않으면 수행도구를 사용하여 원소 출력을 클릭하고 바로 가기 메뉴에서 원하는 원소를 선택해도 된다.

➤ 2.3 다층시퀀스 구조의 이해

(1) 과제 설명

- 다층시퀀스를 이용하여 0~100 범위 안의 난수가 프런트패널에서 입력된 숫자와 같을 때 while루프가 몇 번 반복했는가 하고 시간 얼마나 소요했는가를 찾는 프로그램이다.
- 비교할 숫자는 프런트패널의 '비교숫자'라는 숫자형 컨트롤에 의하여 입력하게 한다.
- 임의의 난수가 '비교숫자'가 같을 때까지 while루프가 몇 번 반복 실행했는지하고 시간 얼마나 소요했는지를 프런트패널의 '반복횟수' 및 '시간'이라는 숫자형 인디케이터로 표시하게 한다.

(2) 동작 순서

- 비교할 숫자를 입력한다.
- LabVIEW 프로그램을 실행시킨다.
- while루프 반복실행한 횟수 및 소요시간을 프런트패널에 표시한다.
- 프로그램을 종료한다.

(3) LabVIEW 프로그램

1) 프런트패널

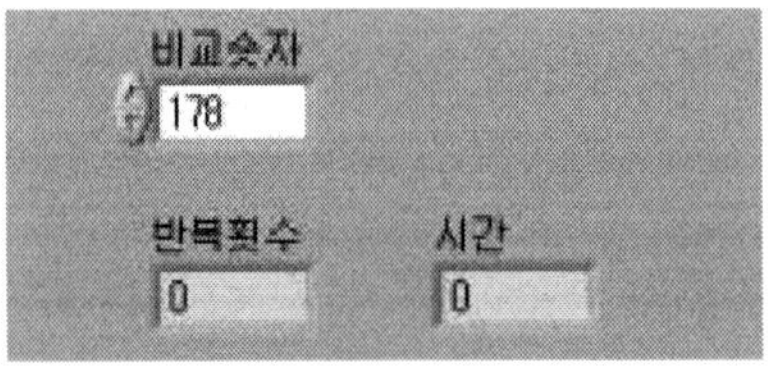

2) 블록다이어그램

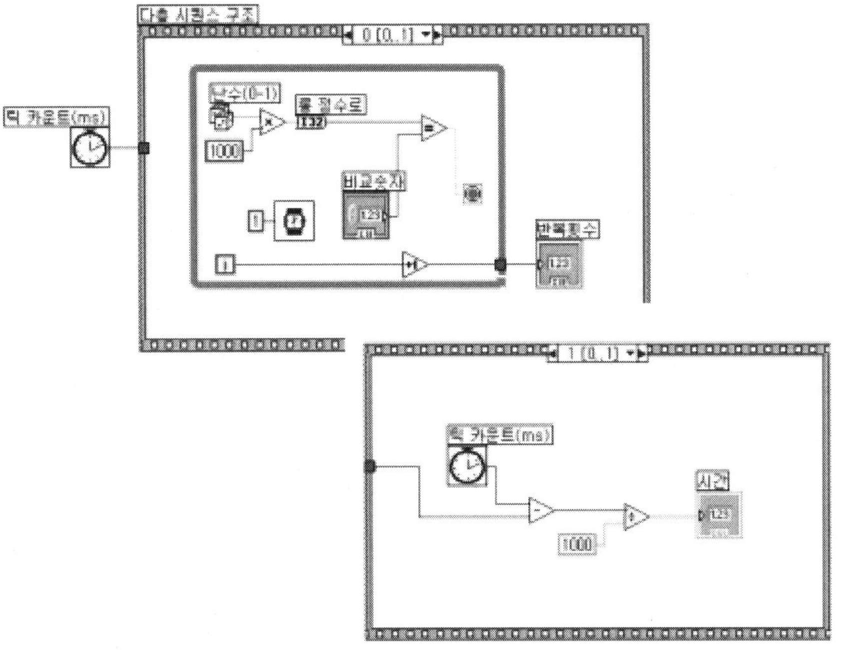

(4) LabVIEW 프로그램 세부 설명

1) 시간 계산

- 틱 카운트(ms)가 타이머의 값을 반환하는 함수이다.
- 프로그램 시작 시각을 첫 번째 프레임 시작할 때 읽어온 다음에 첫 번째 프레임에서 입력된 '비교숫자'와 일치하게 되면 두 번째 프레임으로 진행한다.
- 두 번째 프레임에서 시작 시간과 2번째 프레임 시작시간의 차이를 계산하여 상수 '1000'과 곱하면 소요한 시간을 프런트의 '시간'에 표시한다.

2) 다층 시퀀스 구조

- 순차적으로 실행되는 하나 또 그 이상의 서브다이어그램 또는 프레임으로 구성된다.
- 구조의 경계에서 마우스 오른쪽 클릭하여 프레임을 추가하고 삭제하거나 시퀀스 로컬을 생성하여 프레임 간에 데이터를 전달한다.
- 다층 시퀀스 구조를 사용하여 한 서브다이어그램이 다른 서브다이어그램 이전 또는 이후에 실행되도록 한다.
- 구조의 경계에서 마우스 오른쪽 클릭하면 대체≫플랫시퀀스로 대체버튼으로 다층 시퀀스 구조를 플랫시퀀스로 대체할 수 있다.

➤ 2.4 불리언을 이용한 케이스 구조

(1) 과제 설명

- 불리언을 이용하여 케이스 선택자에 연결해 해당하는 케이스 서브 다이그램을 실행하는 프로그램이다.
- 불리언을 케이스구조의 선택자에 연결해 참인경우 덧셈을 하고 거짓인 경우 뺄셈을 하게 한다.
- 덧셈과 뺄셈을 하는 숫자들은 프런트패널에 '숫자1' 및 '숫자2'라는 숫자형 컨트롤에 의해 입력하게 한다.
- 덧셈이나 뺄셈을 한 결과는 프런트패널에 '결과'라는 숫자형 인디케이터로 표시한다.

(2) 동작 순서

- LabVIEW 프로그램을 연속실행시킨다.
- 원하는 연산(덧셈이나 뺄셈)을 선택한다.
- 숫자1 및 숫자2를 입력한다.
- 연산 한 결과는 '결과'에 표시한다.
- 연산 및 숫자들을 바꿔 결과를 확인한다.
- 프로그램을 종료한다.

(3) 프로그램 순서도

(4) LabVIEW 프로그램

1) 프런트패널

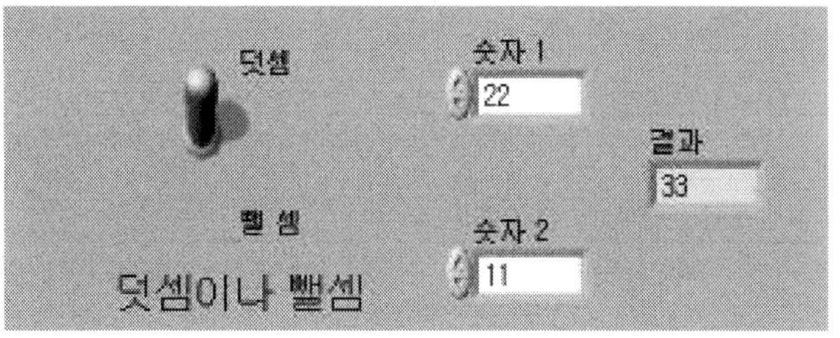

2) 블록다이어그램

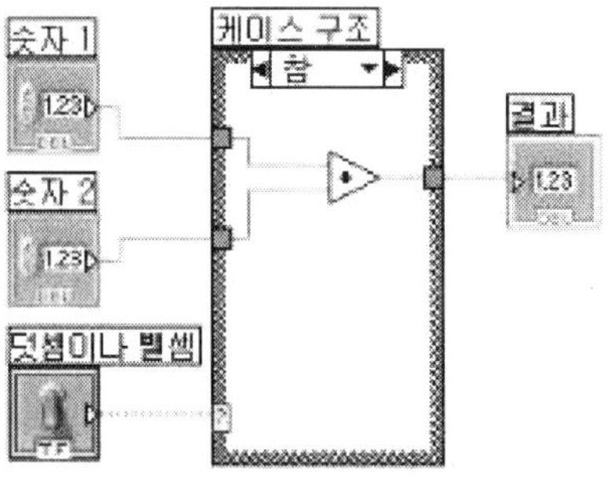

(5) LabVIEW 프로그램 세부 설명

1) 참@거짓 케이스 선택

- 케이스 구조에는 2개 이상의 서브다이어그램 또는 케이스가 있는데 한 번에 하나의 서브다이어그램만을 볼 수 있으며, 구조는 한 번에 하나의 케이스만 실행된다.
- 선택자의 입력값은 어느 서브다이어그램을 실행할 것인지 결정하고, 케이스 구조는 텍스트 기반 프로그래밍 언어의 switch 문이나 if...then...else 문과 유사하다.
- 여기서 선택자에 연결되는 컨트롤이 불리언 컨트롤이므로; '참'과 '거짓'인 케이스 두 개 밖에 없다.
- 불리언이 ON 일 때 선택자의 입력에 'T', 즉 참(True)인 값을 주어, 참인 케이스문이 실행하게 된다.
- 불리언이 OFF일 때 선택자의 입력에 'F', 즉 거짓(False)인 값을 주어, 거짓인 케이스문이 실행하게 된다.

2) 덧셈 및 뺄셈 지정

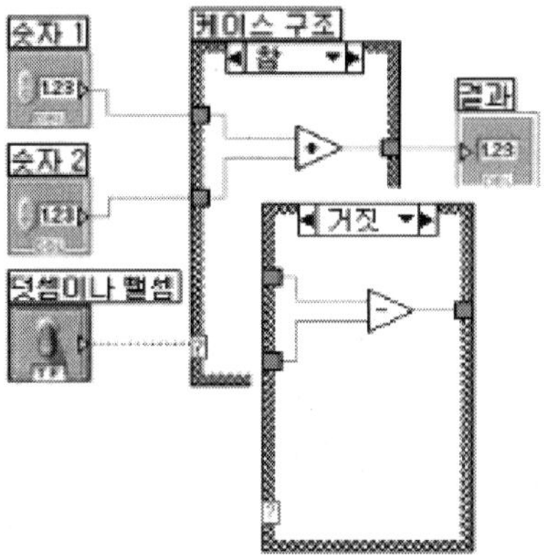

- 덧셈과 뺄셈의 입력은 서로 같은 컨트롤로부터 받고 출력도 같은 인디케이터로 표시하므로 '숫자1', '숫자2' 및 '결과'는 케이스 구조 밖으로 놓는다.
- '덧셈이나 뺄셈' 불리언은 케이스구조의 선택자(?)에 연결해야 하므로 그것도 밖으로 놓는다.
- 참인 경우 덧셈을 하고 거짓인 경우 뺄셈을 하는 것으로 설정하기 위해 '참'인 경우에 '더하기'함수를 넣어 '더하기'함수의 입력(x)과 입력(y)을 각각 '숫자1'과 '숫자2'에 연결하고 '더하기'함수의 출력(x+y)을 '결과'에 연결한다.
- '거짓'인 경우 '빼기'함수의 입력(x)과 입력(y)을 '더하기'함수와 같이 각각 '숫자1' 및 '숫자2'에 연결하고 출력(x-y)을 '결과'에 연결한다.

2.5 열거형을 이용한 케이스 구조

(1) 과제 설명

- 열거형을 이용하여 케이스 선택자에 연결해 해당하는 케이스 서브 다이그램을 실행하는 프로그램이다.
- 열거형 컨트롤을 케이스구조의 선택자에 연결하여, '더하기'인 경우 덧셈; '빼기'인 경우 뺄셈; '곱하기'인 경우 곱셈; 그리고 '나누기'인 경우 나눗셈을 하게 한다.
- 연산을 하는 숫자들은 프런트패널에 '숫자1' 및 '숫자2'라는 숫자형 인디케이터에 의해 입력하게 한다.
- 연산을 한 결과는 프런트패널에 '결과'라는 숫자형 인디케이터로 표시하게 한다.

(2) 동작 순서

- LabVIEW 프로그램을 연속 실행시킨다.
- 열거형에서 원하는 연산을 선택한다.
- 숫자1 및 숫자2를 입력한다.
- 연산한 결과는 '결과'에 표시한다.
- 연산 및 숫자들을 바꿔 결과를 확인한다.
- 프로그램을 종료한다.

(3) 프로그램 순서도

(4) LabVIEW 프로그램

1) 프런트패널

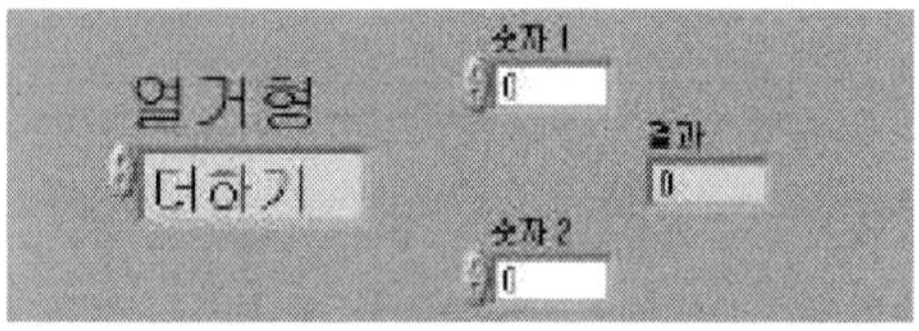

2) 블록다이어그램

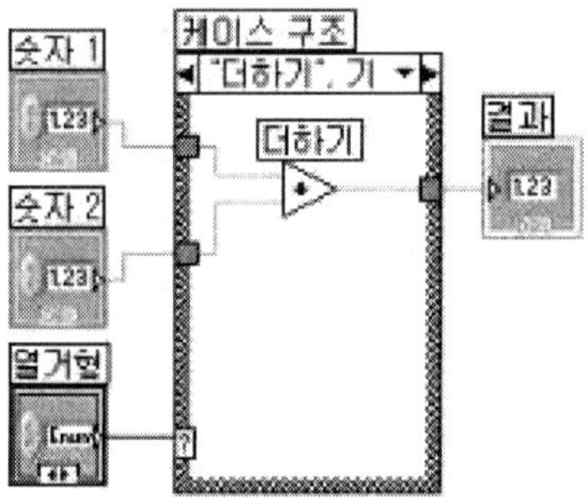

(5) LabVIEW 프로그램 세부 설명

1) 열거형 아이템 추가

- 열거형을 컨트롤팔레트≫일반≫링&열거형에서 찾을 수 있다.
- 열거형을 오른쪽 클릭하면 아이템 편집...을 선택해서 아이템 추가하거나 다음 아이템 추가를 클릭해 아이템 추가해도 된다.

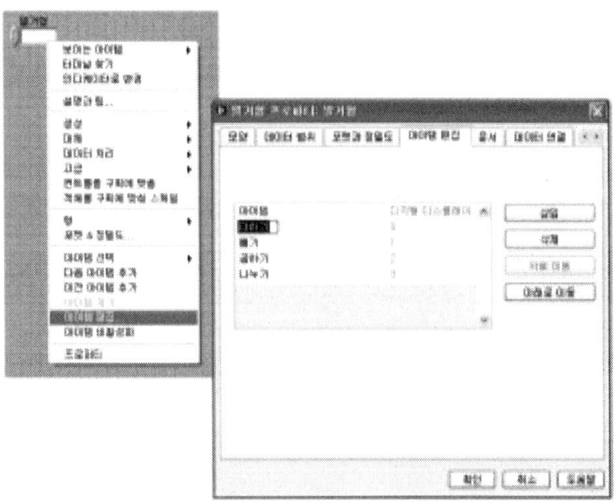

- 열거형을 오른쪽 클릭해서 바로가기 메뉴에서 아이템 편집...을 택하지 않으면 프로퍼티에 먼저가서 아이템 편집메뉴도 있을 것이다.
- 아이템 편집에서 아이템의 이름 및 케이스문에 연결할 디지털 디스플레이를 편집이 가능하다.

2) 서브케이스

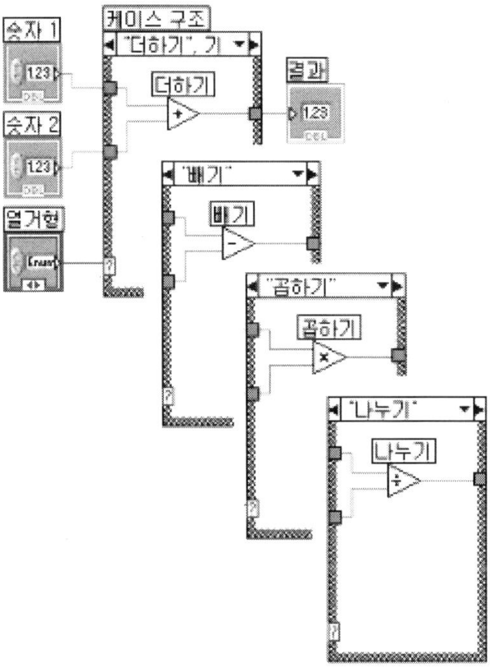

- 연산을 하기 위한 입력들은 연산종료에 상관없이 프런트패널에 같은 숫자형 컨트롤을 의하여 입력이 되므로 '숫자1' 및 '숫자2'는 케이스구조 밖으로 놓는다.
- 마찬가지로 모든 서브케이스에서 연산한 결과가 똑같은 숫자형 인디케이터로 표시하므로 '결과'는 케이스구조 밖으로 놓는다.
- '더하기', '빼기', '곱하기' 및 '나누기' 케이스에서 각각 해당하는 숫자형 함수를 사용하여 연산을 하게 한다.

➤ 2.6 수식 노드의 활용

(1) 과제 설명

- 블록 다이그램에서 실제 아이콘으로 구현하기 복잡한 계산을 수식 노드을 이용하여 직접 수식을 문자로 입력하는 프로그램이다.
- 수식 노드의 두 입력은 프런트패널에 '입력1'과 '입력2'라는 숫자형 컨트롤로 입력하게 한다.
- 수식 노드에서 계산된 출력은 프런트패널에 '출력1'과 '출력2'라는 숫자형 인디케이터로 표시하게 한다.

(2) 동작 순서

- LabVIEW 프로그램을 연속 실행시킨다.
- '입력1' 및 '입력2'에 원하는 숫자를 입력한다.
- 입력1 및 입력2에 의한 결과가 '출력1' 및 '출력2'로 표시한다.
- '입력1' 및 '입력2'의 숫자를 바꾸고 출력을 확인한다.
- 프로그램을 종료한다.

(3) LabVIEW 프로그램

1) 프런트패널

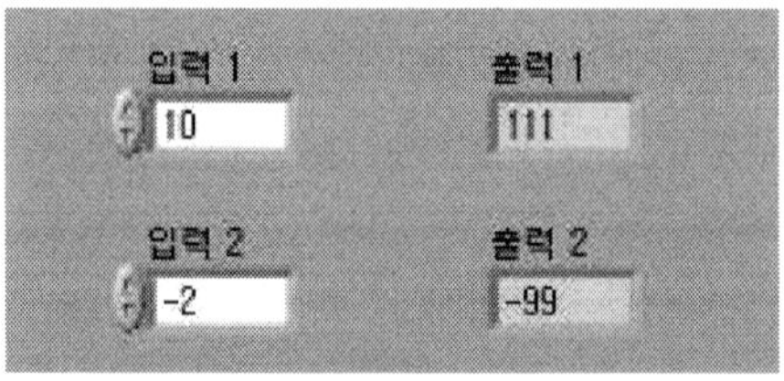

2) 블록다이어그램

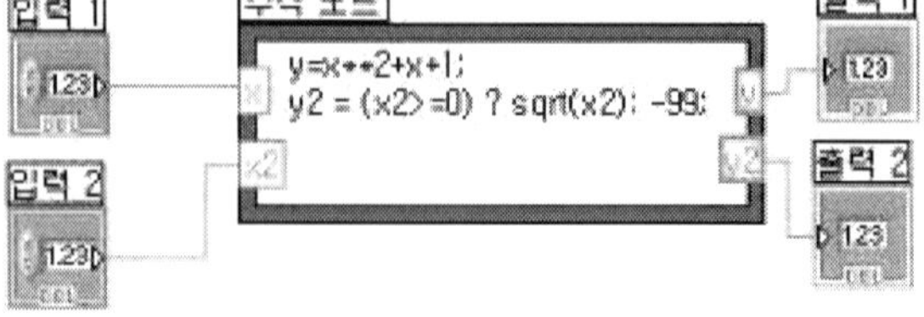

(4) LabVIEW 프로그램 세부 설명

1) 수식 노드의 입 · 출력 정의

① 입력변수 정의:

- x : 프런트패널의 '입력1'에서 입력된 숫자
- x2 : 프런트패널의 '입력2'에서 입력된 숫자

② 출력변수 정의:

- y : 프런트패널의 '출력1'로 표시하게 함
- y2 : 프런트패널의 '출력2'로 표시하게 함

③ 수식 노드 설명:

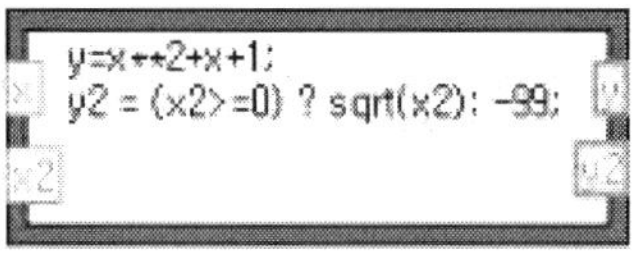

- y=x**2+x+1; /* $y = x^2 + x + 1$ */
- y2=(x2>=0)?sqrt(x2);-99; /* x_2는 0보다 크거나 같을 경우 $y_2 = \sqrt{x_2}$
  x_2는 0보다 작으면 y_2=-99 로 표시한다*/

➤ 2.7 수식 노드를 이용한 온도 변환

(1) 과제 설명

수식 노드를 이용하여 LabVIEW 프런트패널에서 화씨온도를 입력하면 섭씨온도로 바꿔 주는 프로그램을 작성한다.

1) 프런트패널 구성

- 0~100 사이의 난수를 임의로 생성하여 웨이브폼 차트로 표시하고 이 데이터의 플롯 이름을 '섭씨온도'로 나타낸다.
- 섭씨온도를 화씨온도로 바꾸어서 섭씨온도를 표시하는 웨이브폼 차트로 표시하고 플롯 이름을 '화씨온도'로 나타낸다.

2) 블록다이어그램 구성

- '난수(0-1)' 및 '곱하기' 함수를 이용하여 0~100 사이의 난수를 임의로 생성하여 수식 노드로 연결한다.
- 수식 노드를 이용하여 섭씨온도(℃)는 화씨온도(°F)로 바꾸는 식은 다음과 같이 작성한다.

$$°F = \frac{9}{5}℃ + 32$$

- '묶기' 함수를 이용하여 섭씨온도와 화씨온도를 같은 웨이브폼 차트로 표시하게 한다.

(2) LabVIEW 프로그램

1) 프런트패널

2) 블록다이어그램

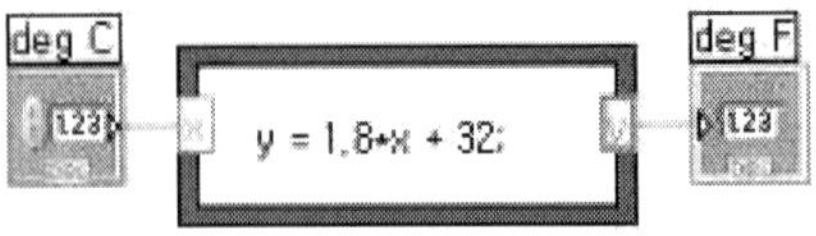

(3) LabVIEW 프로그램 세부 설명

- 섭씨(℃)를 화씨(℉)로 변환하는 수식은 아래와 같다.

$$°F = \frac{9}{5}℃ + 32$$

- '난수(0-1)' 및 '곱하기' 함수를 이용하여 0~100 사이의 난수를 임의로 생성하여 생성한 데이터를 '수식 노드'의 입력으로 와이어를 연결한다.
- 수식 노드의 출력을 '묶기' 함수를 이용하여 1개 이상의 데이터를 똑같은 웨이브폼 차트로 표시하게 한다.

3

CHAPTER

myRIO 소개 및 연결하기

학습목표 및 내용

- myRIO 소개
- myRIO의 기본 프로그램 소개
- myRIO의 기본 프로그램을 고쳐보기

➤ 3.1 myRIO 하드웨어 소개

NI(National Instruments)사에서 개발한 myRIO에는 10개의 아날로그 입력, 6개의 아날로그 출력, 오디오 I/O채널 그리고 40개의 디지털 I/O도 포함되어 있고, 이밖에 WiFi 기능, 3축 가속도계 및 여러 개의 프로그래밍 가능한 LED가 있다. myRIO를 사용하면 실제의 복합 엔지니어링 시스템보다 신속하게 저가로 제작할 수 있도록 돕는 장치이다. myRIO 전면부와 윗면은 다음과 같이, 전면부에는 myRIO 내부를 볼 수 있는 창과 그 옆에는 전원, 상태, WiFi의 상태를 알려주는 LED와 추가의 4개의 LED가 부착되어 있다. 윗면에는 USB포트, 시리얼포트, 어댑터 연결부와 리셋 버튼이 있다.

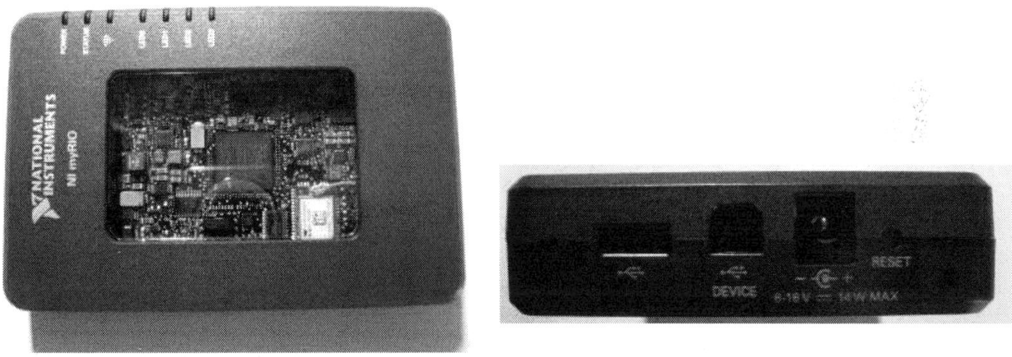

그림 3.1 myRIO의 전면부와 윗면 사진

myRIO 옆면에는 확장 포트 커넥터 A, B, C가 있고 각 핀의 설정은 다음과 같다.

확장 포트 커넥터 A, B　　　확장 포트 커넥터 C

그림 3.2 myRIO의 확장포트 커넥터

myRIO의 상세한 하드웨어 특성은 다음과 같다.

1) Processor : Xilinx Z-7010 (ARM Cortex-A9, Speed 667MHz, 2Cores)
2) RAM : 512MB (DDR3), Flash : 256MB
3) Artix-7 FPGA, 28K Logic Cells
4) Analog Input 10개 (Audio 제외), Bandwidth 2Hz to >20kHz
5) Analog Output 6개 (Audio 제외), Bandwidth 2Hz to >50kHz

6) Digital I/O 40개
7) USB host, USB Device Port
8) WiFi IEEE 802.11 b,g,n
9) UART Maximum baud rate 230,400 bps
10) SPI 4 MHz
11) I2C 400 kHz
12) PWM 100 kHz
13) Quadrature encoder input 100 kHz
14) Accelerometer 3axes
15) Power Output : +3.3V, +5V, +15V, -15V
16) Power Requirement : DC 6~16V
17) NI Linux Real-Time
18) 지원언어 (LabVIEW, C)

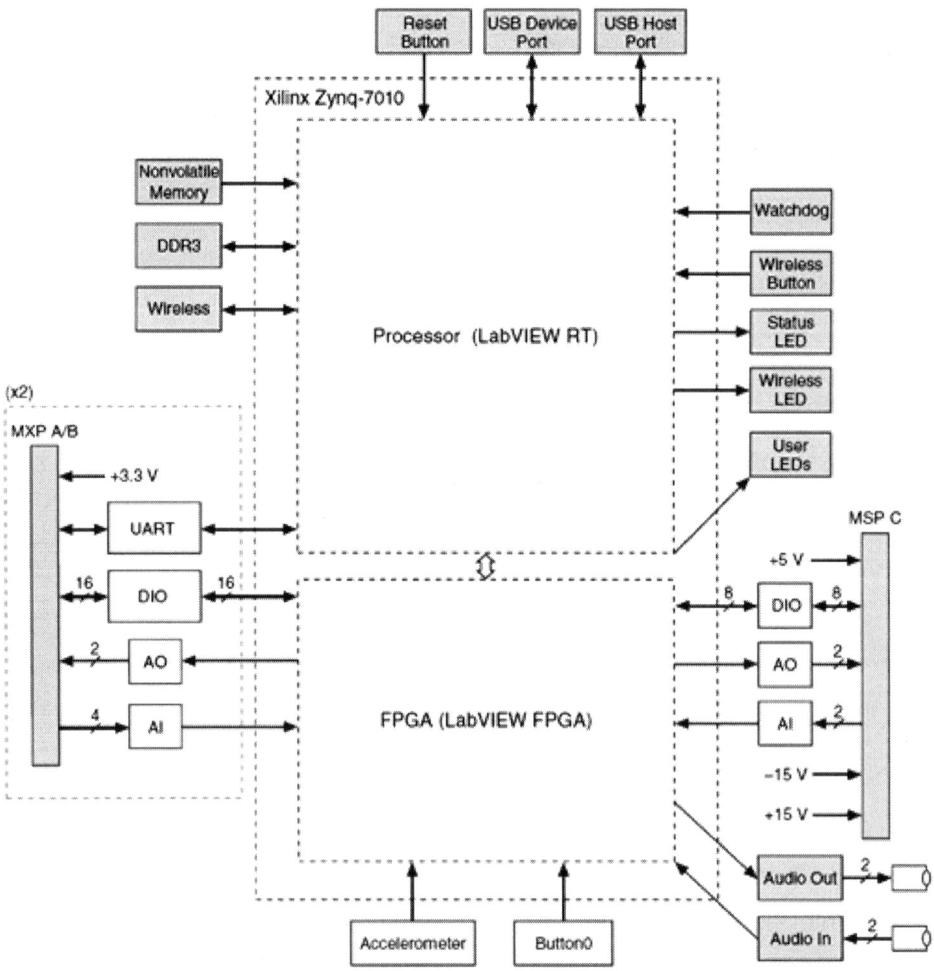

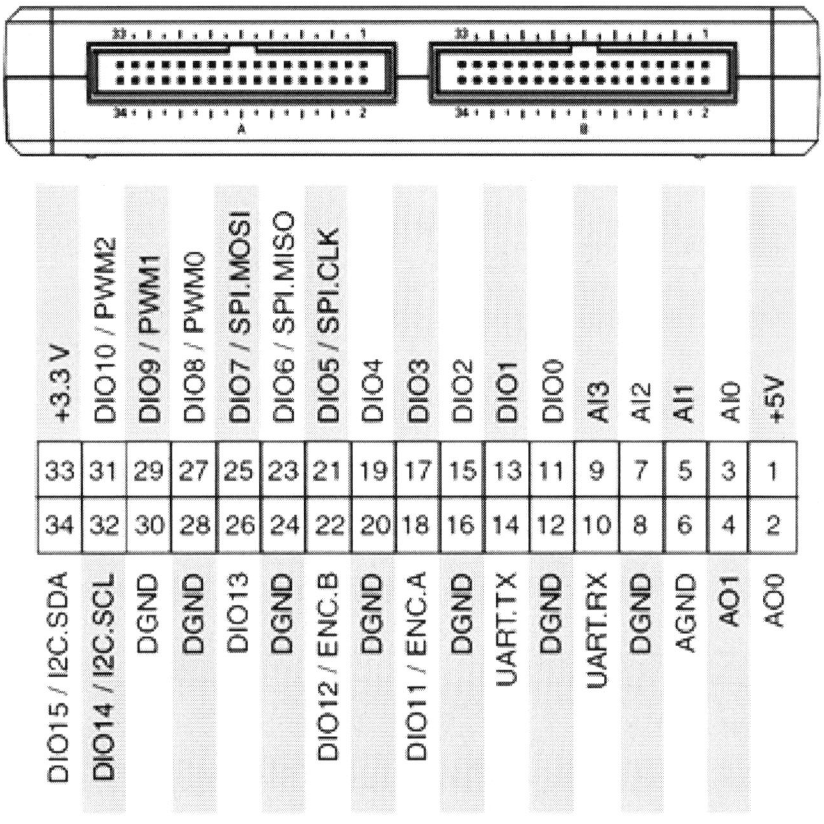

(가) 커넥터 A,B의 핀 배정

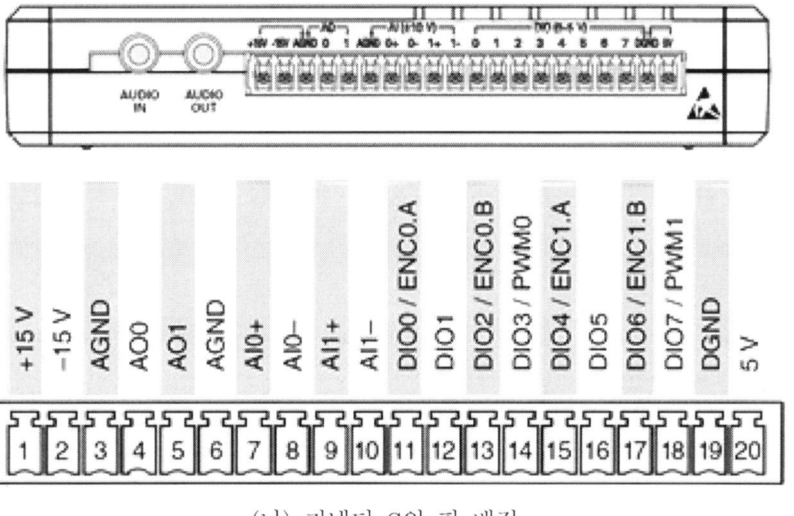

(나) 커넥터 C의 핀 배정

그림 3.3 myRIO의 커넥터 핀 배정

아날로그 입력과 출력, 디지털 입출력에 대한 세부적인 사양은 다음과 같다.

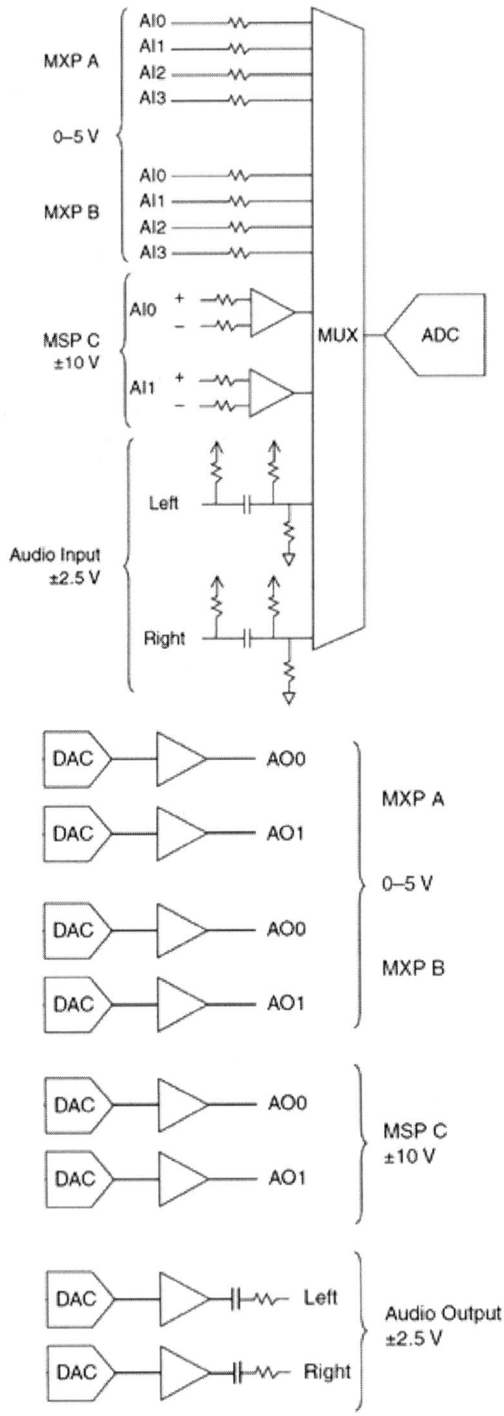

1) Analog Input

- MXP connectors A, B
  AI0~A03 (single-ended): 0~5V
- MSP connector C AI0, AI1
  (differential : 차동) : ± 10V
- Audio Input (stereo line-level): ± 2.5V

2) Analog Output

- MXP connectors A, B AO0, AO1 : 0~5V
- MSP connector C AO0, AO1: ± 10V
- Audio Output(stereo line-level): ± 2.5V

3) Digital Input/Output

1) MXP A, B DIO Lines[0~13]: 40kΩ pullup
2) MXP A, B DIO Lines[14,15]: 2.2kΩ pullup -> I2C
3) MSP C DIO Lines[0~7]: 40kΩ pulldown

3.2 myRIO 스타터 키트

내셔널 인스트루먼트사에서 제공하는 myRIO 스타터 키트에는 저항, 콘덴서, 트랜지스터, 다이오드, LED, 센서, 스위치, IC, 스피커, 모터, 점퍼선들이 들어있다.

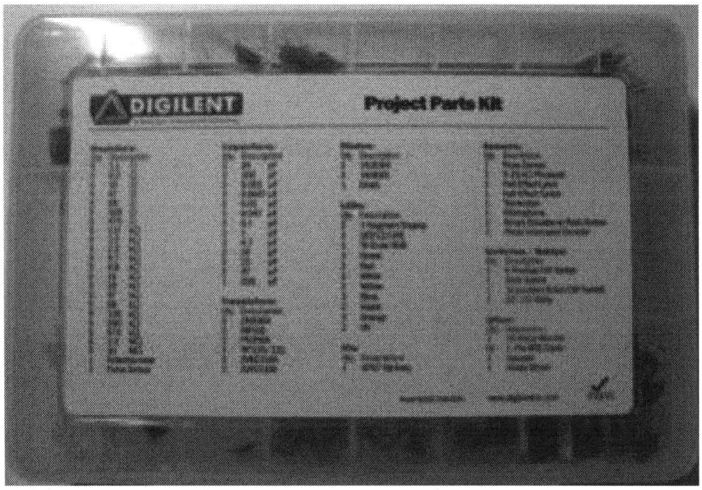

그림 3.4 myRIO 스타터 키트

또한 이 스타터 키트에는 myRIO와 연결해서 회로를 만들 수 있는 브레드 보드가 포함되어 있다. 이 브레드 보드에는 오른편에는 myRIO 확장 포트 커넥터 B나 C에 연결하는 단자가 있고 브레드 보드와 myRIO 확장 포트 커넥터 B나 C에 연결하는 중간 단자가 왼쪽과 오른쪽에 있고 그 옆에는 각 단자의 설명이 적혀있다. 이 브레드 보드에 관한 사진은 다음과 같다.

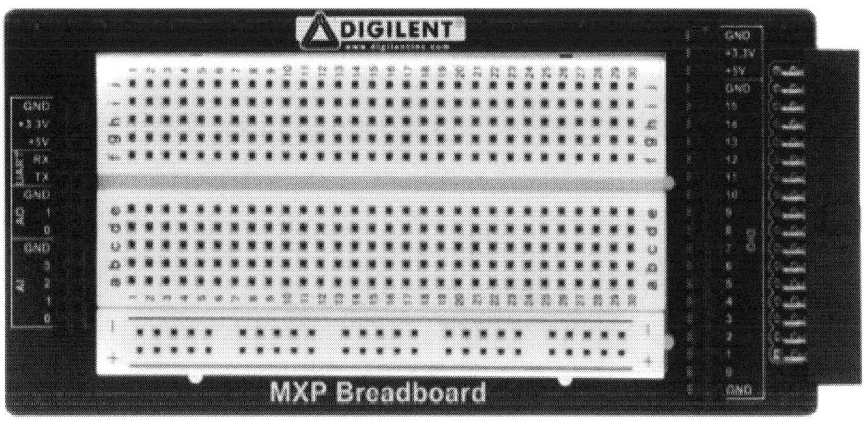

그림 3.5 myRIO를 위한 MXP 브레드보드

➤ 3.3 myRIO 연결

① myRIO를 전원과 컴퓨터에 연결한다.

myRIO의 Device Port와 PC의 USB 포트에 USB 케이블을 연결하면 NI myRIO USB Monitor 창이 나타나다.

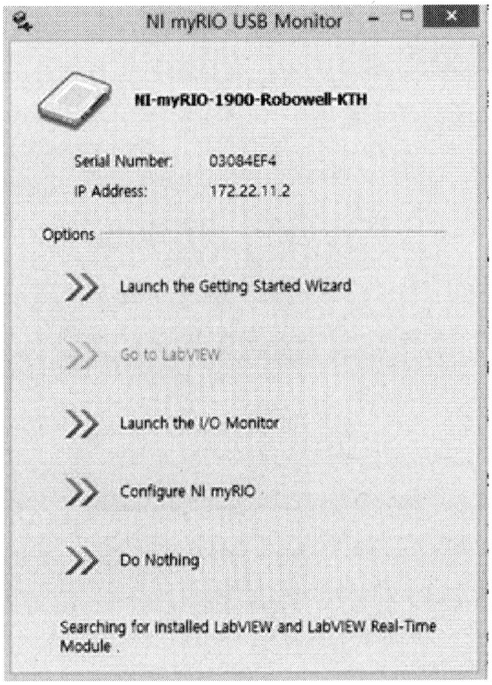

- Launch the Getting Start Wizard

myRIO 연결, 테스트, 프로젝트 생성을 Wizard 기능을 이용해 쉽게 할 수 있다.

- Launch the I/O Monitor

사용자가 프로그램을 작성하지 않고 myRIO의 AIO, DIO, I2C, SPI, UART, PWM을 테스트할 수 있다.

- Configure NI myRIO

웹페이지에서 myRIO의 네트워크, 시간, 웹서비스, 보안관련 설정을 할 수 있음 (myRIO는 웹서버로 동작)

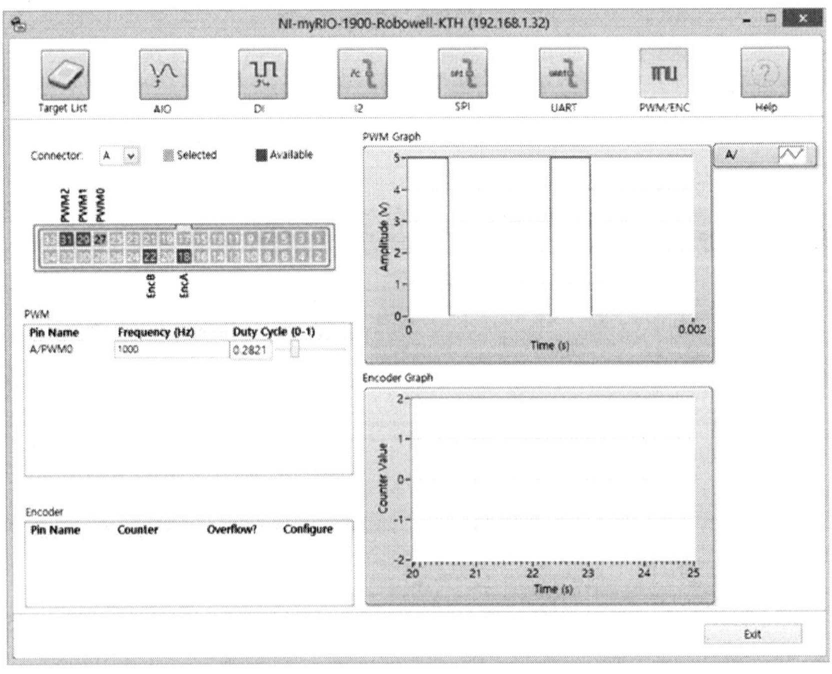

② myRIO 소프트웨어를 설치한다. NI-MAX를 이용하여 [NI-MAX] → [원격시스템] → [NI-myRIO] → [소프트웨어] 에서 해당 소프트웨어를 설치한다.

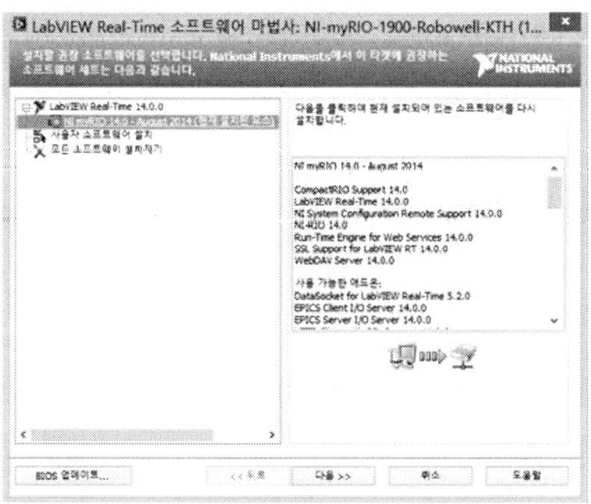

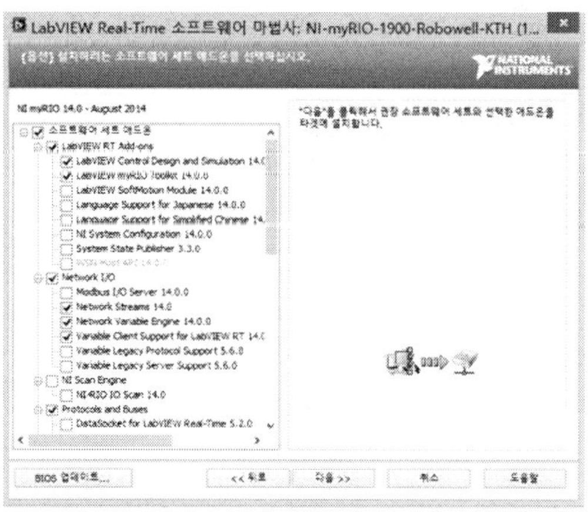

➤ 3.4 myRIO 프로젝트 만들기

① LabVIEW를 실행한다.

② Create Project에서 myRIO Project를 선택한다.

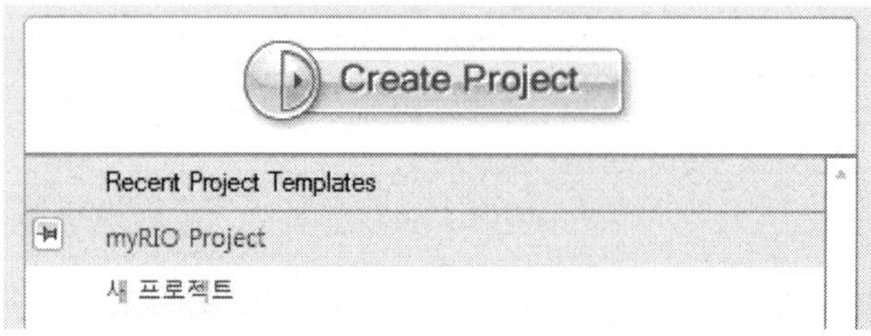

③ Project Name과 Project Root를 입력하고 마침을 선택한다. Project Name은 생성할 Project의 이름이고 Project Root는 생성할 Project가 있을 폴더의 이름이다.

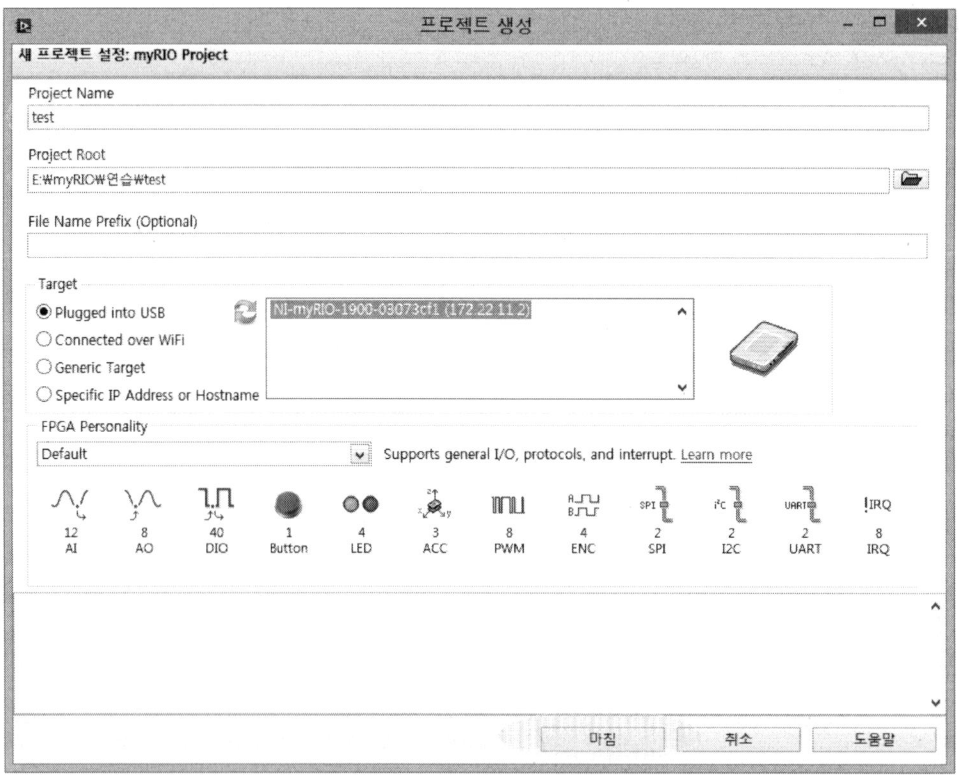

그림 3.6 myRIO 프로젝트 생성

④ 프로젝트 탐색기에서 Main.vi를 선택한다.

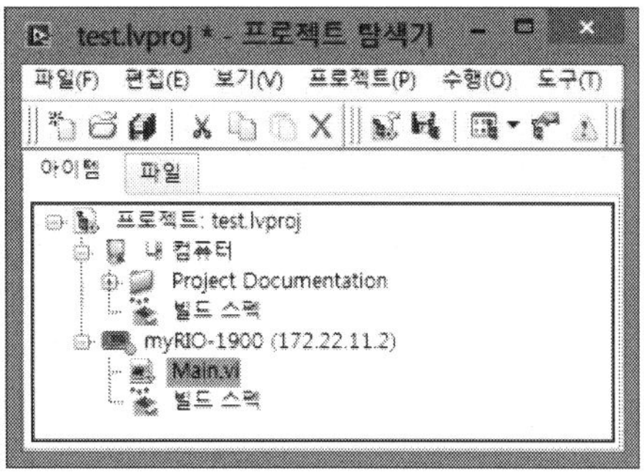

⑤ 다음과 같은 Mail.vi의 프런트 패널에서 ctrl+R 또는 화살표 모양의 버튼을 눌러 실행한다.

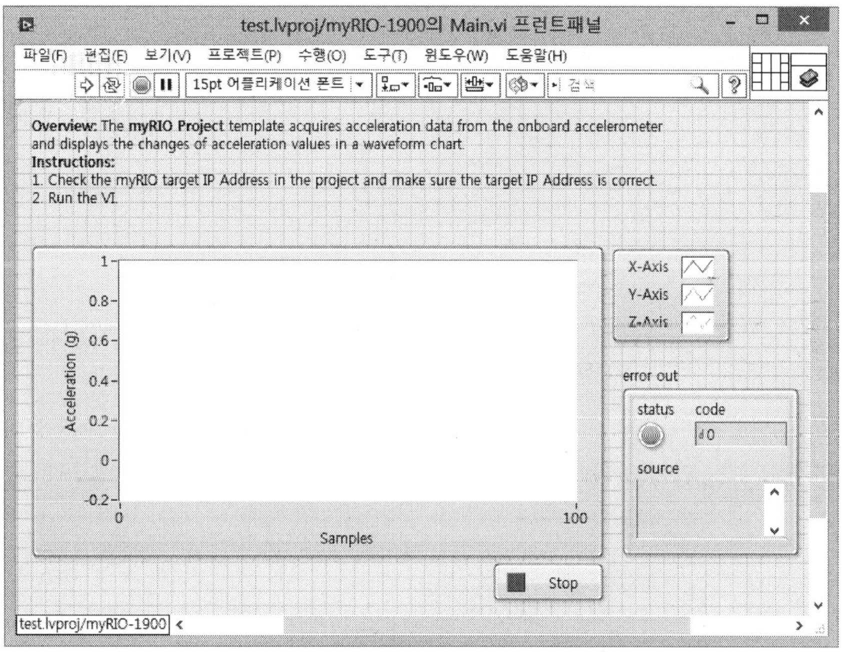

그림 3.7 myRIO 프런트 패널 작성

⑥ 아래 그림은 myRIO를 움직였을 때 X, Y, Z축 방향의 가속도 변화이다.

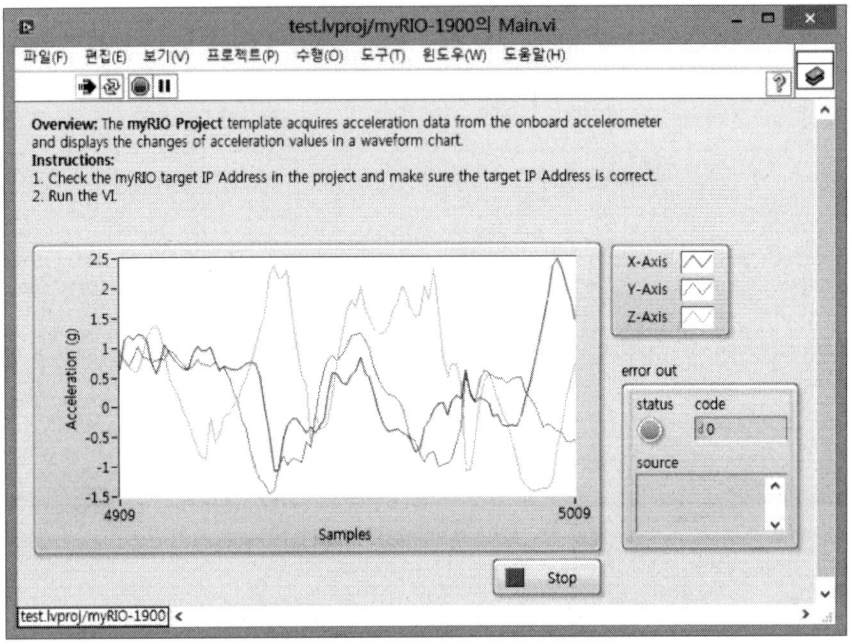

그림 3.8　myRIO main의 overview

⑦ stop 버튼을 눌러 실행을 중지시킨 후 '메뉴>윈도우>블록 다이어그램 보이기'를 선택하거나 ctrl+E를 눌러 블록 다이어그램을 활성화 한다.

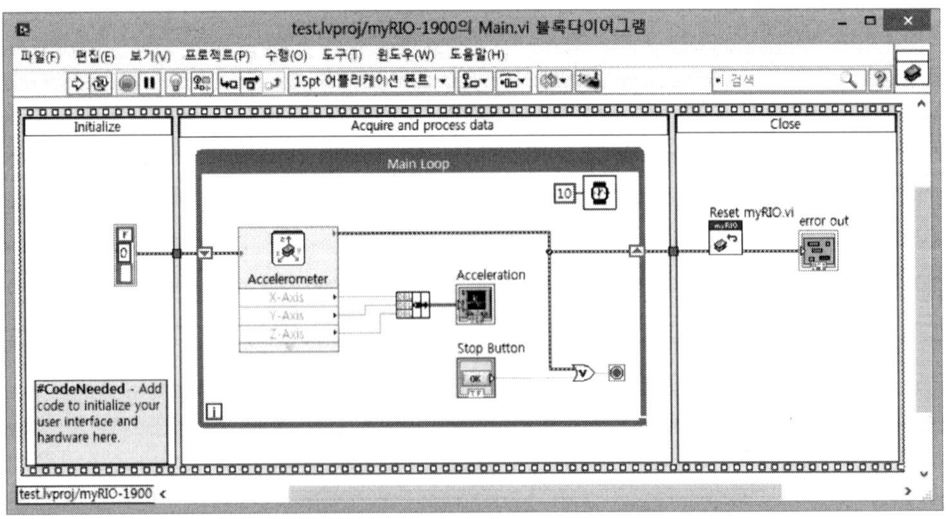

그림 3.9　myRIO 블록다이어그램

⑧ 블록 다이어그램의 Main Loop안에 'Functions〉myRIO〉Default〉LED'를 추가하고 프런트 패널의 그래프 밑에 블리언 스위치 4개를 만든다.

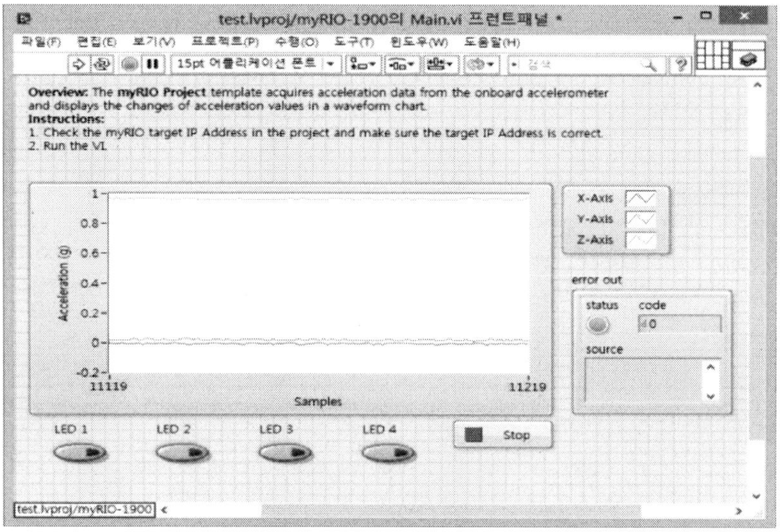

그림 3.10 myRIO main의 프런트패널

⑨ 아래 블록다이어그램에서와 같이 4개의 블리언 터미널을 LED함수에 연결한다.

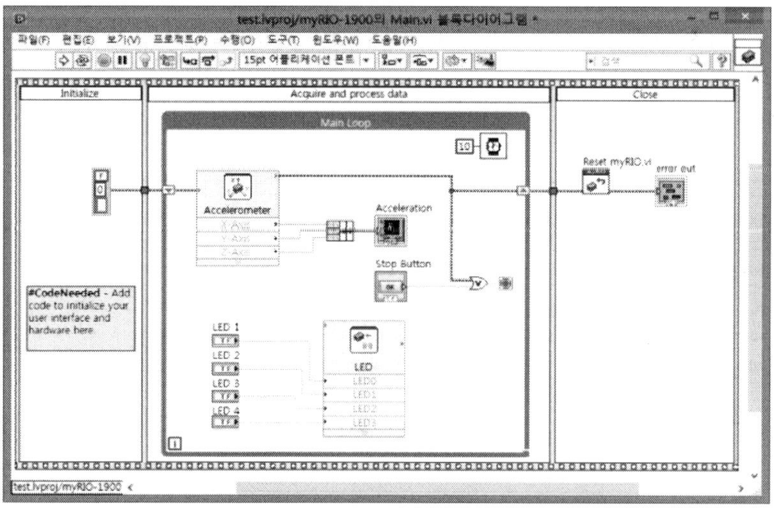

그림 3.11 myRIO main의 블록다이어그램

⑩ 프런트패널 각 블리언 스위치를 클릭하여 myRIO LED의 점멸상태를 확인한다.

➤ 3.5 myRIO로 버튼과 LED 이용하기

① LabVIEW를 실행한다.

② Create Project에서 myRIO Project를 선택해서 Button과 LED를 아래 프런트패널과 블록다이어그램처럼 구성한다. 함수는 Functions팔레트에서 myRIO를 선택한다.

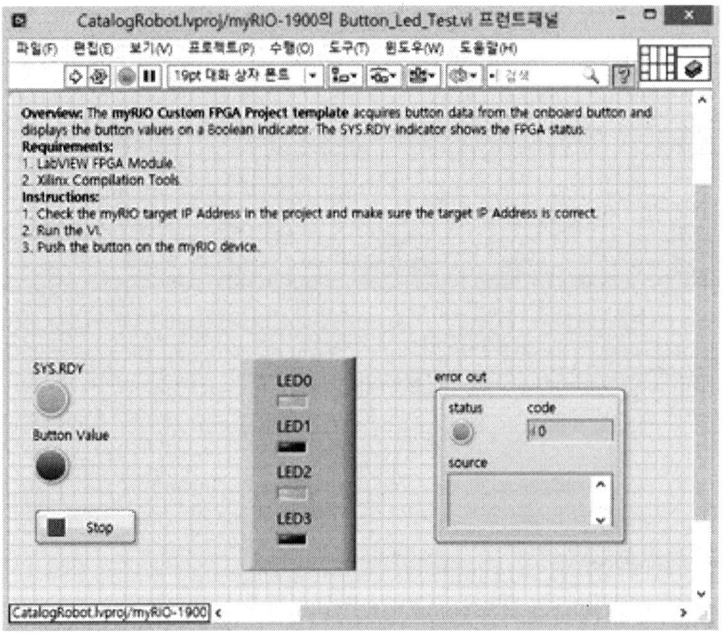

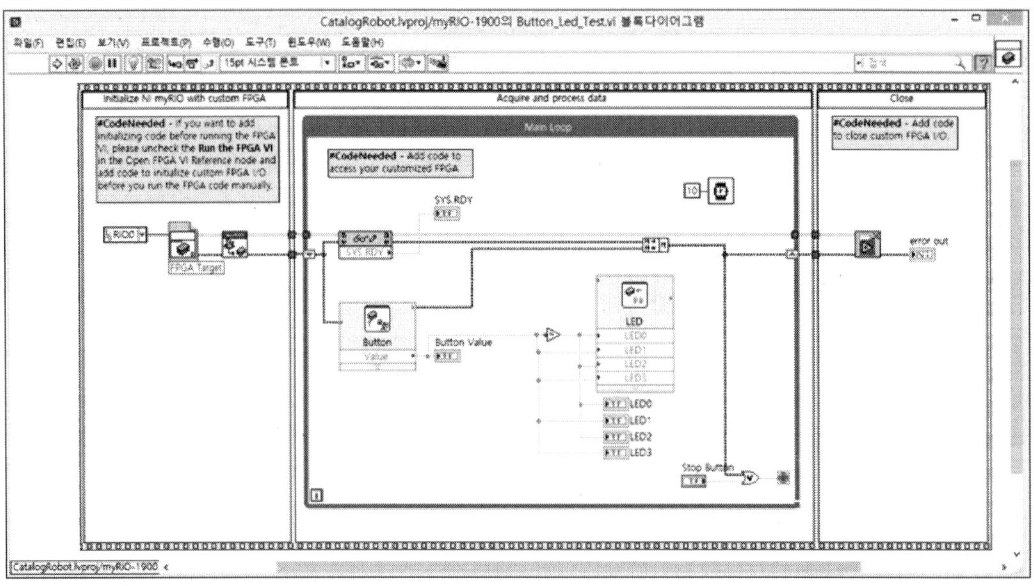

4

CHAPTER

myRIO를 이용한 이산 LED 실습

학습목표 및 내용

- 프린트 패널에서 입력 받은 신호를 LED로 표시하기
- 주파수를 조작하는 부분을 추가하여 LED가 주파수에 따라 점등
- 두 개의 LED가 교차로 점멸하여 기차 건널목 신호등을 흉내 내기
- RGB LED을 빨강, 초록, 파랑이 교차로 점멸

➤ 4.1 myRIO와 이산 LED의 연결

(1) 학습 목표 및 기본 Task

LED(Light Emitting Diode)는 시스템의 상황을 표시하는 가장 기본적이고 효과적인 부품으로 많이 사용되고 있다. 이러한 LED를 컨트롤하는 방법을 익히는 것이 이번 실습의 목표이다.

- 기본 Task: 프런트 패널에서 입력 받은 신호를 LED로 표시하기

(2) 필요한 부품

저항 220 Ω
적색 LED
MXP 브레드보드
점퍼 와이어

(3) 회로도 및 핀 배정

LED의 부품 특성과 회로도는 다음과 같다.

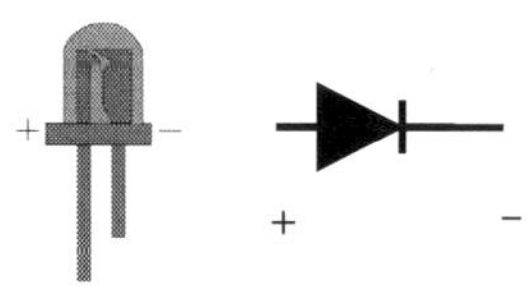

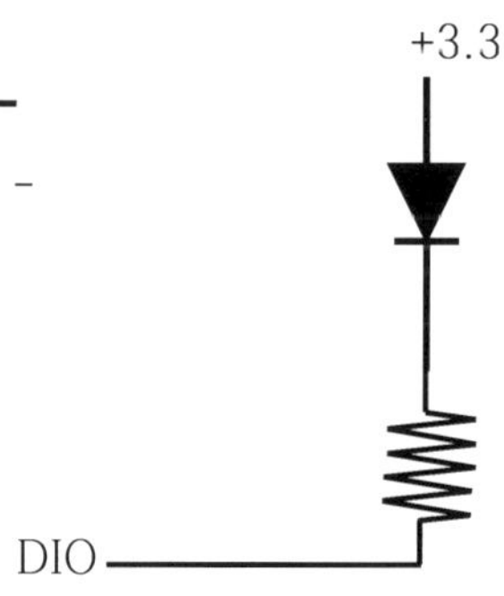

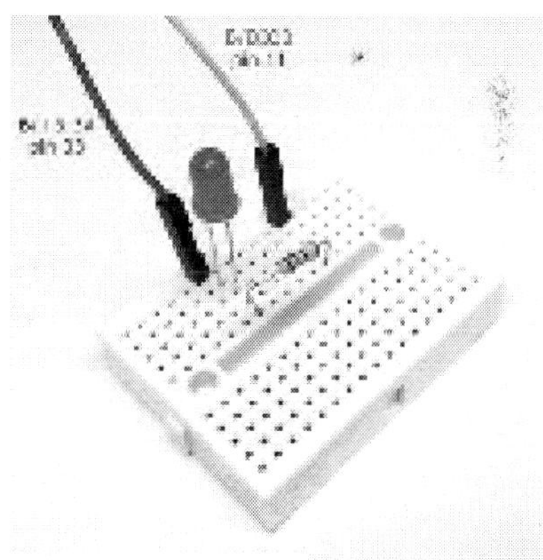

➤ 4.2 이산 LED를 활용한 프로그래밍

① LabVIEW를 실행한다.
② Creat Project 〉 myRIO Project를 선택한다.
③ 프로젝트 생성에서 Project Name과 Project Root를 기입하고 마침을 선택한다.
④ 프로젝트 탐색기에서 Main.vi를 찾아 더블 클릭 한다.
⑤ Main.vi의 프런트 패널과 블록 다이어그램의 기존의 프로그램을 모두 지우고 아래와 같이 프로그래밍 한다.

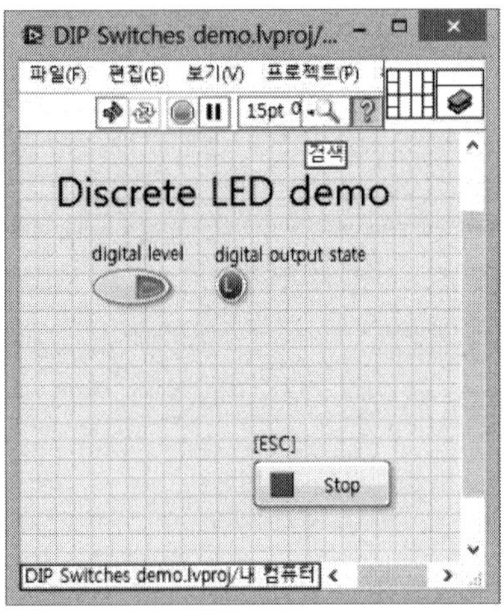

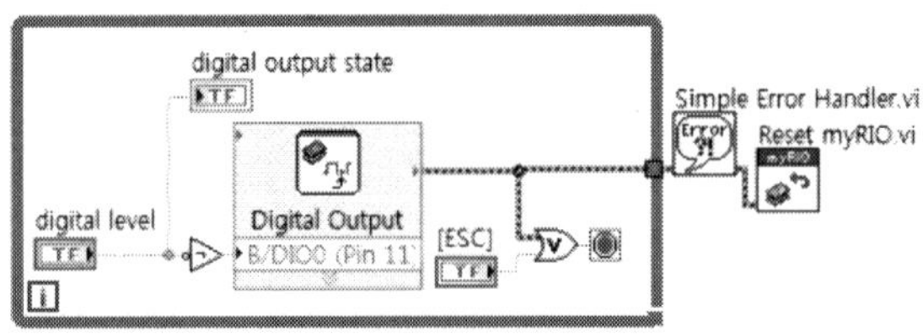

⑥ Digital Output은 Functions 〉 myRIO 〉 Default에서 찾을 수 있다.
⑦ Digital Out을 넣게 되면 Configure Digital Output이라는 새로운 윈도우가 화면에 나타나는데 여기에서 Channel을 원하는 것으로 택한 다음 OK를 선택한다.

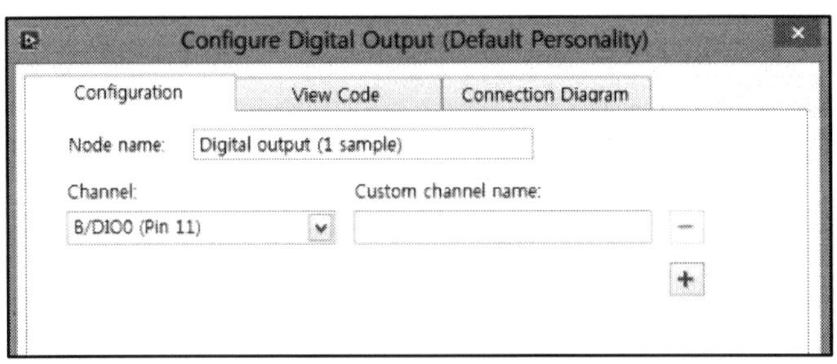

⑧ Simple Error Handler.vi는 Functions 〉 Dialog & User Interface에 있고 Reset myRIO.vi는 Functions 〉 myRIO 〉 Device Management에서 찾을 수 있다.
⑨ 화살표를 눌러 실행한다.
⑩ 컴파일 중 변경된 내용을 저장하고 컴파일 윈도우를 닫는다.
⑪ 프런트패널에서 블리언을 on/off하면서 브레드보드에 있는 LED가 점멸되는지 확인한다.

【실습문제 4】

4.1 주파수를 조작하는 부분을 추가하여 LED가 주파수에 따라 점등되도록

1) 기존의 예제에서 “digital level”의 블리언 스위치를 지운다.
2) 주파수를 조절하는 블리언을 추가한다.
3) 주파수의 조작은 Programming 〉 Timing의 함수 중 하나를 써서 조절한다.
4) 주파수의 범위를 0Hz ~ 50Hz로 한다.
5) 자동으로 on/off되는 것은 쉬프트 레지스터를 사용한다.

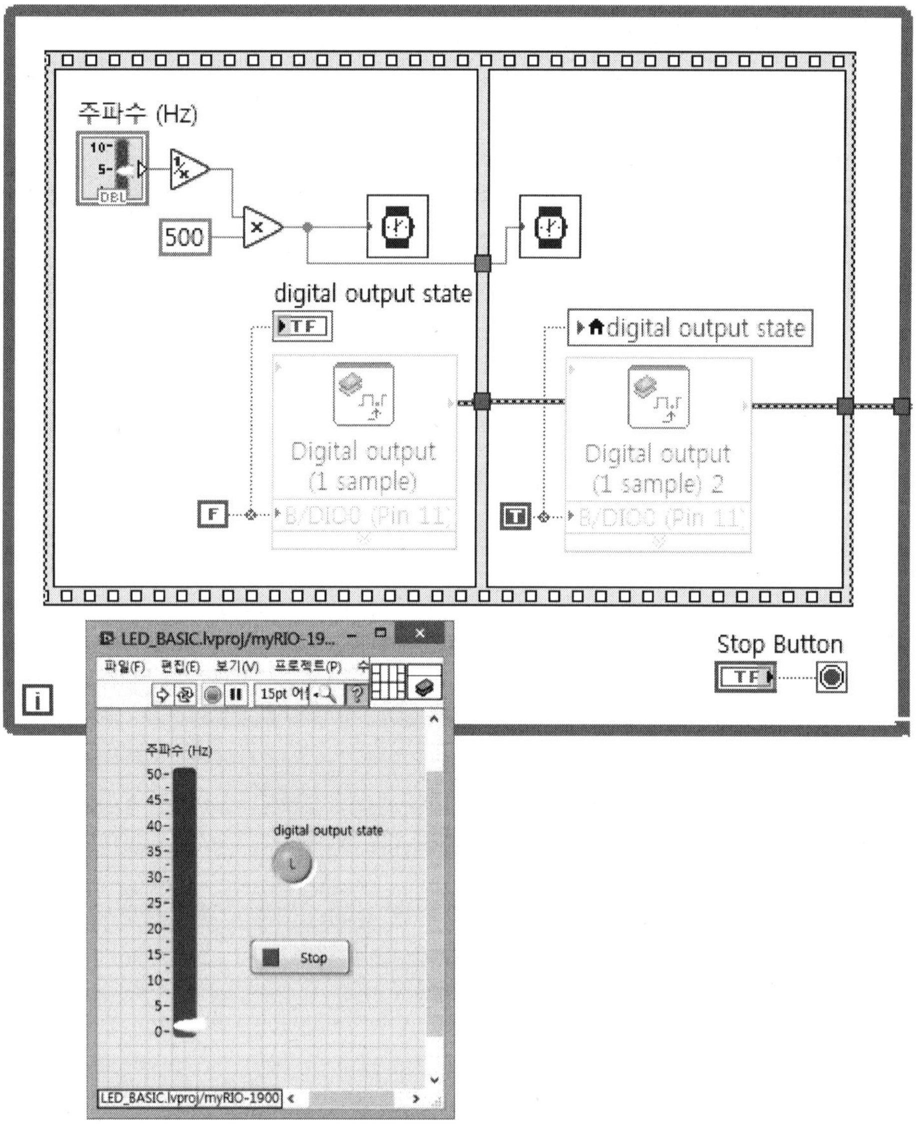

4.2 두 개의 LED가 교차로 점멸하여 기차 건널목 신호등을 흉내 내기

1) 두 개의 LED가 교차로 점멸하는 것은 각각의 LED를 각각의 DIO에서 조정하도록 프로그램을 고친다.

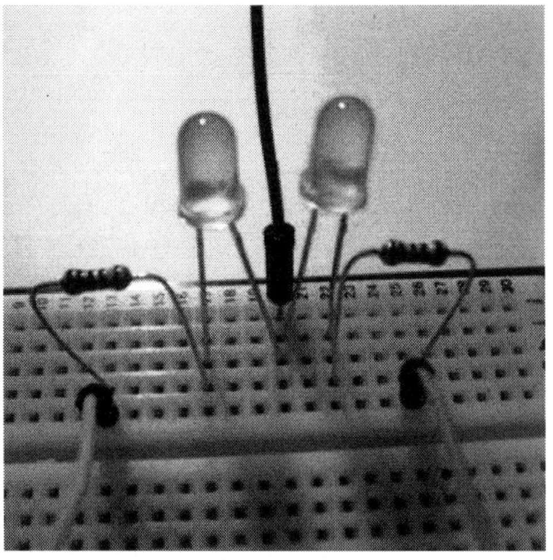

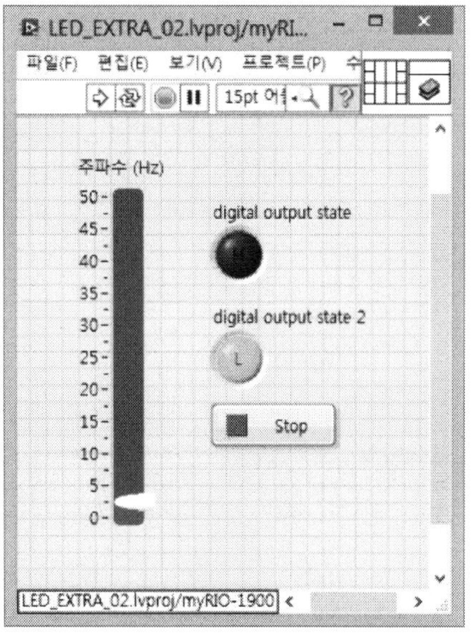

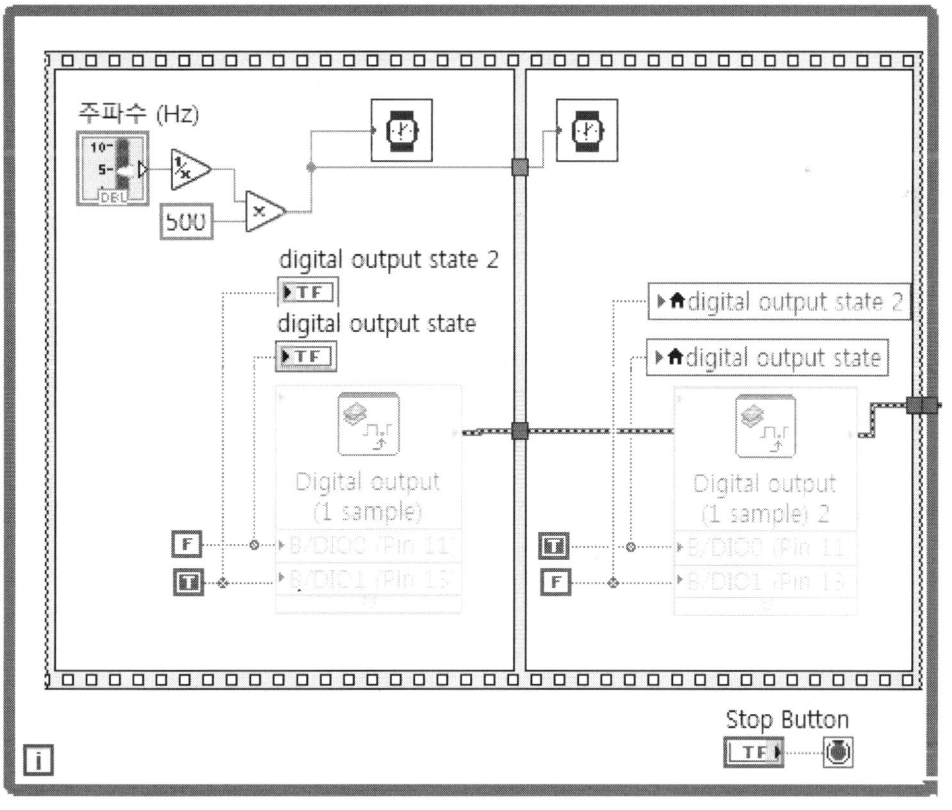

4.3 RGB LED을 빨강, 초록, 파랑이 교차로 점멸되도록

1) 한 개의 LED이지만 3개의 LED를 취급하는 것으로 생각하고 프로그래밍 한다.
2) 플랫 시퀀스 구조를 사용하여 한 개의 불이 들어오는 동안 나머지는 꺼지도록 프로그래밍 한다. RGB LED의 정보는 다음과 같다.

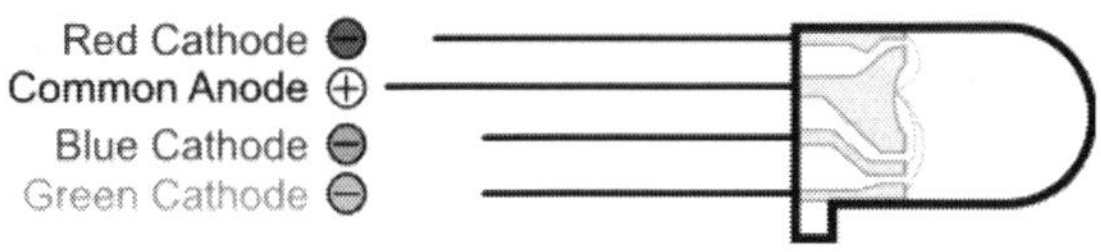

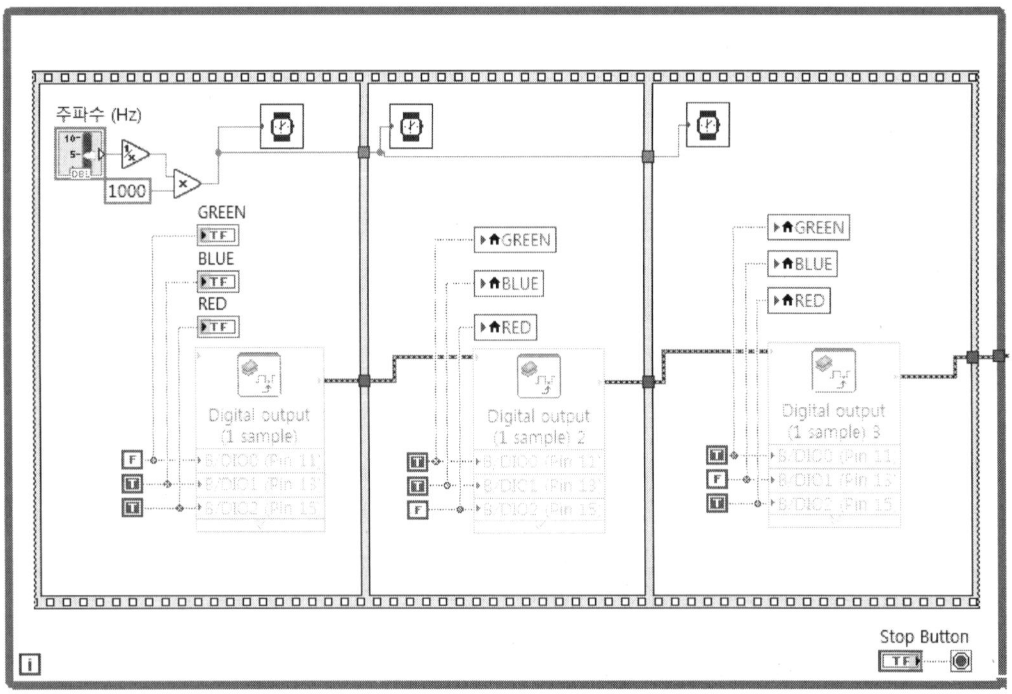

5

CHAPTER

myRIO를 이용한 푸시 버튼 실습

학습목표 및 내용

- 푸시 버든으로 입력을 받아 그 결과를 화면에 표시하기
- 푸시 버튼 입력을 받아 LED 점등하기
- 반사신경 측정하기 (LED가 점등되면 푸시 버튼을 누르고 경과된 시간을 표시하기)
- 푸시 버튼의 입력횟수를 누적하여 표시하기

5.1 myRIO와 푸시 버튼의 연결

(1) 학습 목표 및 기본 Task

푸시 버튼 스위치는 단순한 센서뿐만 아니라 사용자와 시스템간의 인터페이스 장치로 많이 쓰이고 있다. 이번 장에서는 푸시 버튼 스위치의 기본 동작법을 익히는데 그 목표를 두고 있다.

- 기본 Task: 푸시 버튼으로 입력을 받아 그 결과를 화면에 표시하기

(2) 필요한 부품

푸시 버튼 스위치

브레드 보드

점퍼 와이어

(3) 회로도 및 핀 배정

본 키트에 있는 스위치는 구적 엔코더와 푸시 버튼 스위치와 병합된 부품이다. 각 핀에 대한 설명과 스위치 동작 확인을 위한 회로도는 다음과 같다.

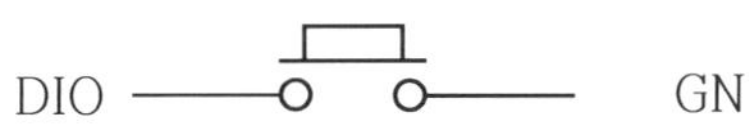

➤ 5.2 푸시버튼 스위치를 활용한 프로그래밍

브레드 보드에서 푸시 버튼을 누르면 프런트 패널의 블리언의 불이 점등되도록 프로그래밍 하시오.

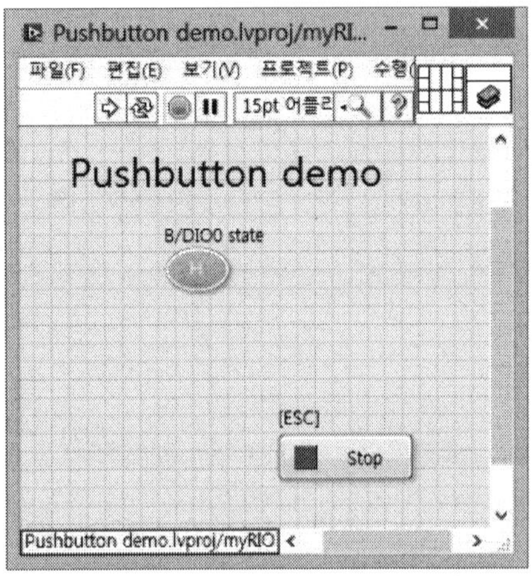

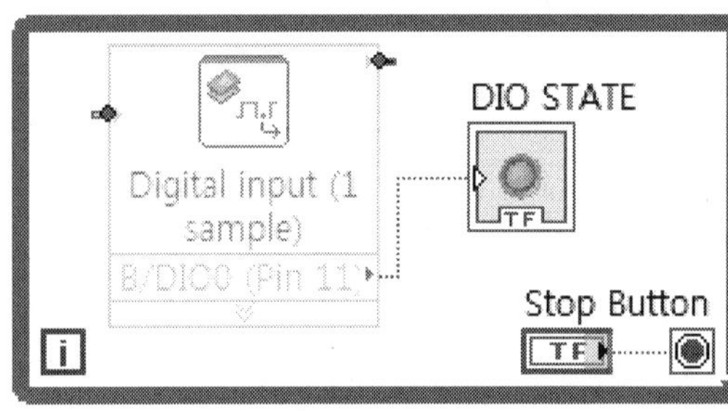

【실습문제 5】

5.1 푸시 버튼 입력을 받아 LED 점등하기

1) LED회로와 푸시 버튼 회로를 각각 만든다.
2) 푸시 버튼 입력은 DIO 0에서 하도록 한다.
3) Digital Input에서 나오는 신호를 Digital Output의 DIO 1에 연결한다.

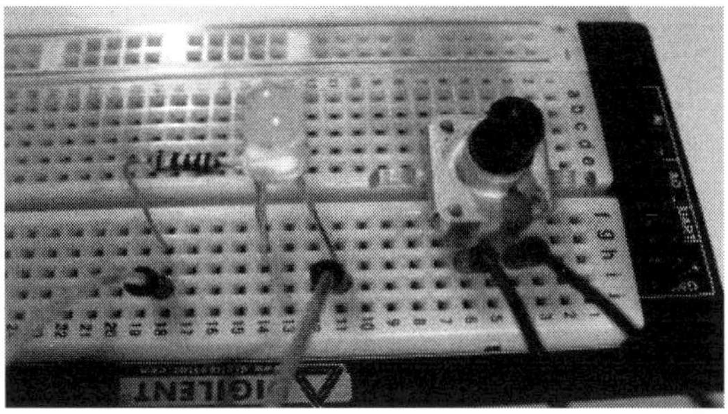

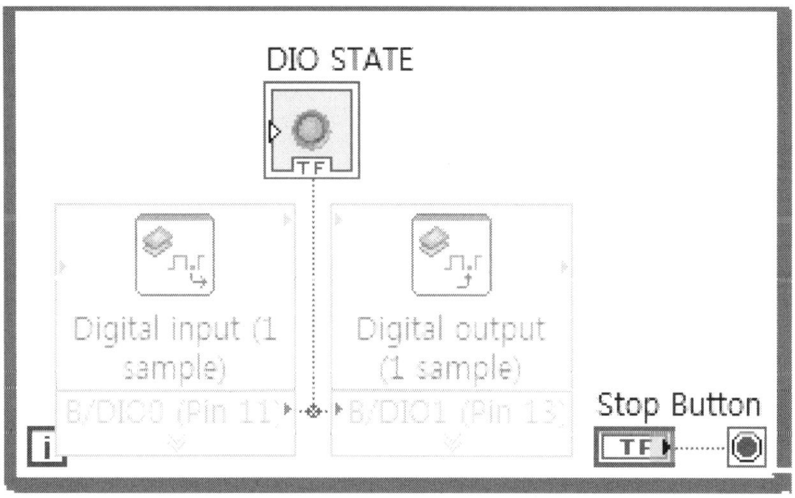

5.2 반사신경 측정하기(LED가 점등되면 푸시 버튼을 누르고 경과된 시간을 표시하기)

1) 랜덤 함수를 사용하여 기다리다가 LED에 불이 들어오도록 한다.
2) LED에 불이 들어오는 시간부터 푸시 버튼의 입력이 들어올 때까지의 시간을 측정한다.
3) 경과시간은 Programming 〉 Timing의 함수 중 하나를 써서 계산한다.
4) 정확한 시간 계산을 위하여 플랫 시퀀스 구조를 사용한다.
5) 경과된 시간을 ms로 나타낸다.

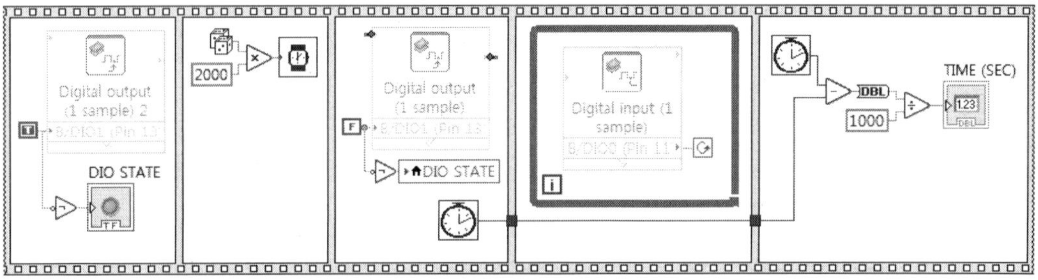

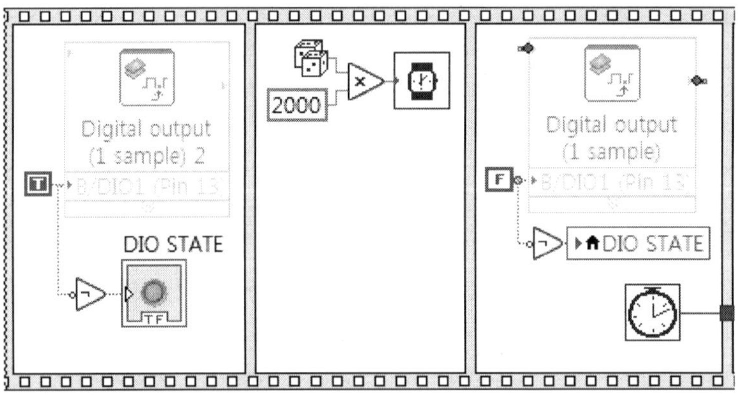

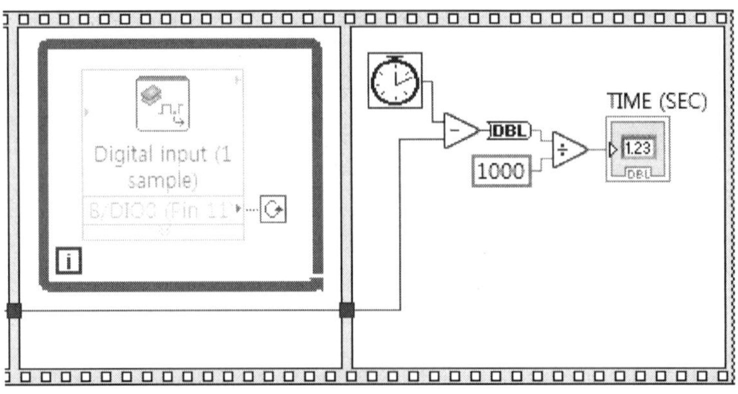

5.3 푸시 버튼의 입력횟수를 누적하여 표시하기

1) 숫자와 논리의 쉬프트 레지스터 2개가 필요하다.
2) 케이스문을 써서 누르고 있는 동안에 누적 숫자가 증가하지 않도록 프로그래밍 한다.

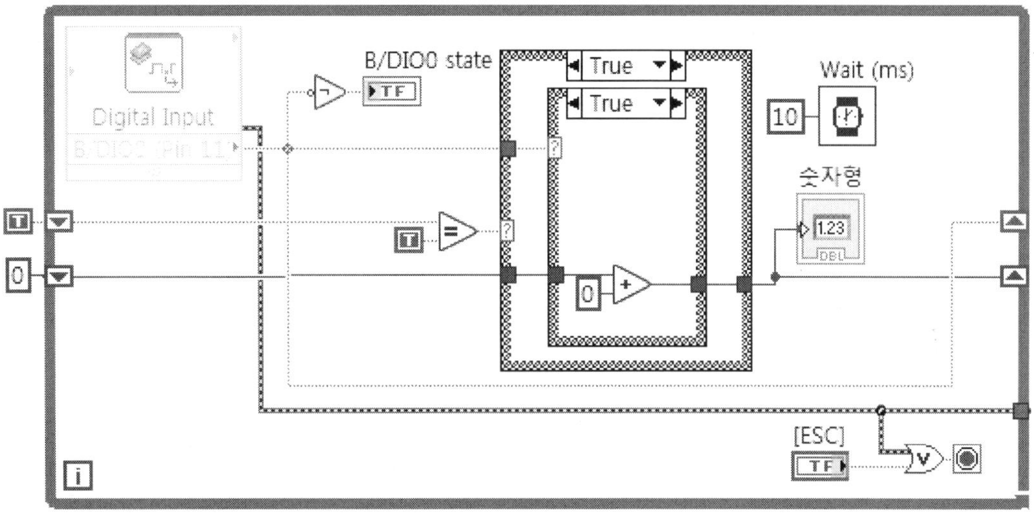

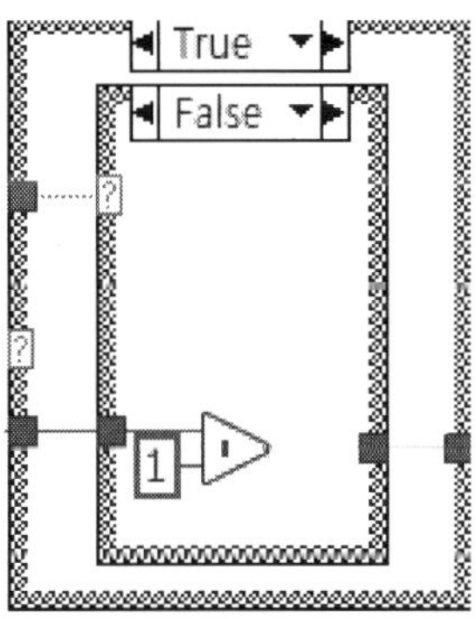

CHAPTER 6

myRIO를 이용한 7-세그먼트 실습

학습목표 및 내용

- 7-세그먼트를 이용하여 숫자를 표시한다
- 케이스구조를 사용하여 입력숫자 표시하기
- 자동으로 0~9까지 표시하기
- 0을 표시하는 6개의 세그먼트중 한 개만 점등하여 맴돌기

➤ 6.1 myRIO와 7-세그먼트의 연결

(1) 학습 목표 및 기본 Task

7-세그먼트 LED는 0~9의 숫자와 문자를 표시하는 LED로 7개의 획으로 표시할 수 있다. 이번 실험에서는 7-세그먼트를 이용하여 표시하는 법을 배운다.

- 기본 Task: 7-세그먼트를 이용하여 숫자를 표시한다.

(2) 필요한 부품

7-세그먼트 LED, MXP 브레드 보드, 점퍼 와이어

(3) 회로도 및 핀 배정

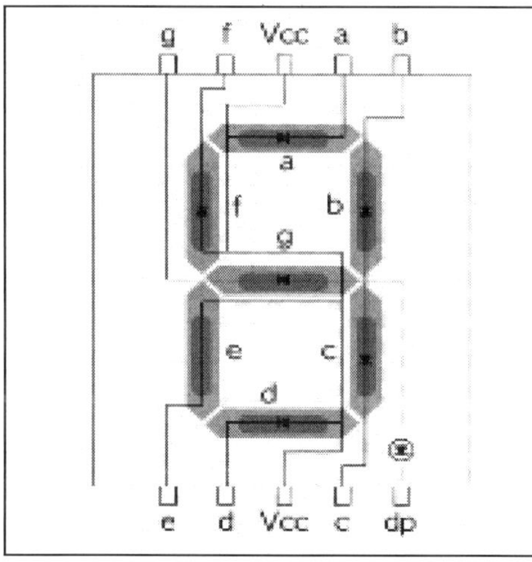

a	DIO 0
b	DIO 1
c	DIO 2
d	DIO 3
e	DIO 4
f	DIO 5
g	DIO 6
dp	DIO 7

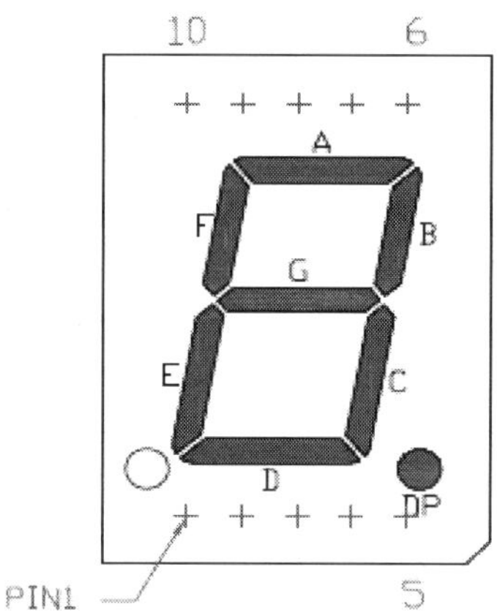

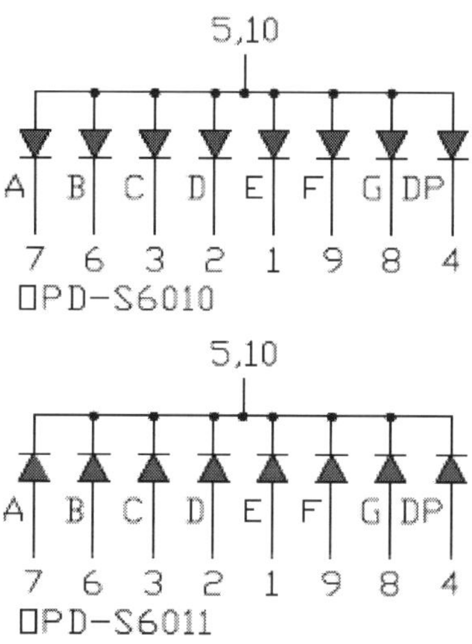

➤ 6.2 7-세그먼트를 활용한 프로그래밍

왼쪽에 LED segments에서 스위치를 조작하면 브레드 보드의 7-세그먼트와 프런트 패널의 숫자가 점등되도록 프로그래밍 하시오.

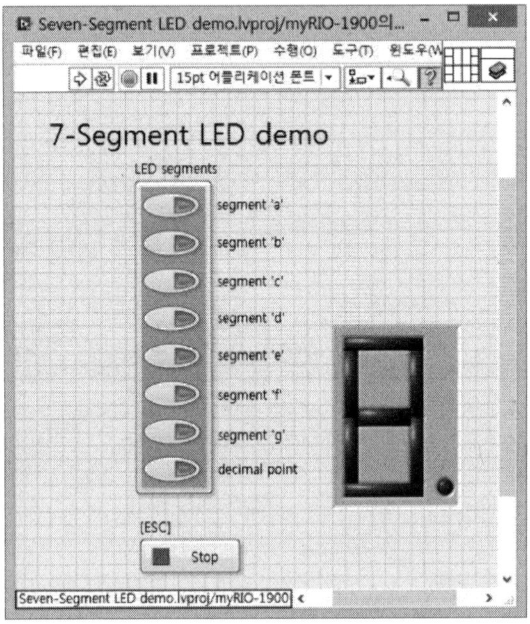

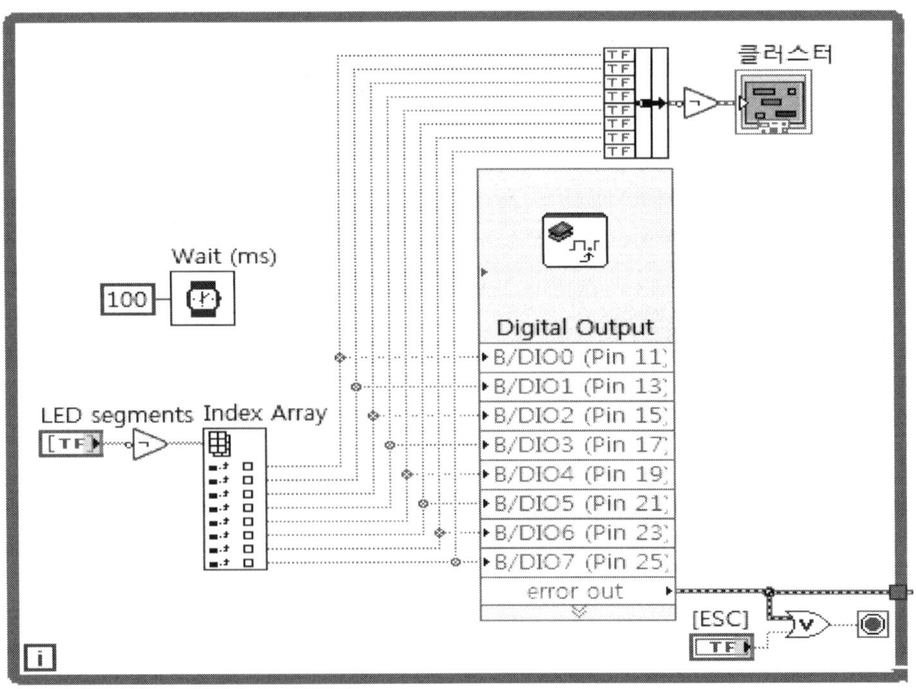

【실습문제 6】

6.1 케이스구조를 사용하여 입력숫자 표시하기

1) 텍스트링과 case 구조를 사용하여 프로그래밍 한다.
2) 입력은 텍스트 링으로 한다.
3) 각 케이스에서 8개의 세그먼트의 on/off를 지정한다.

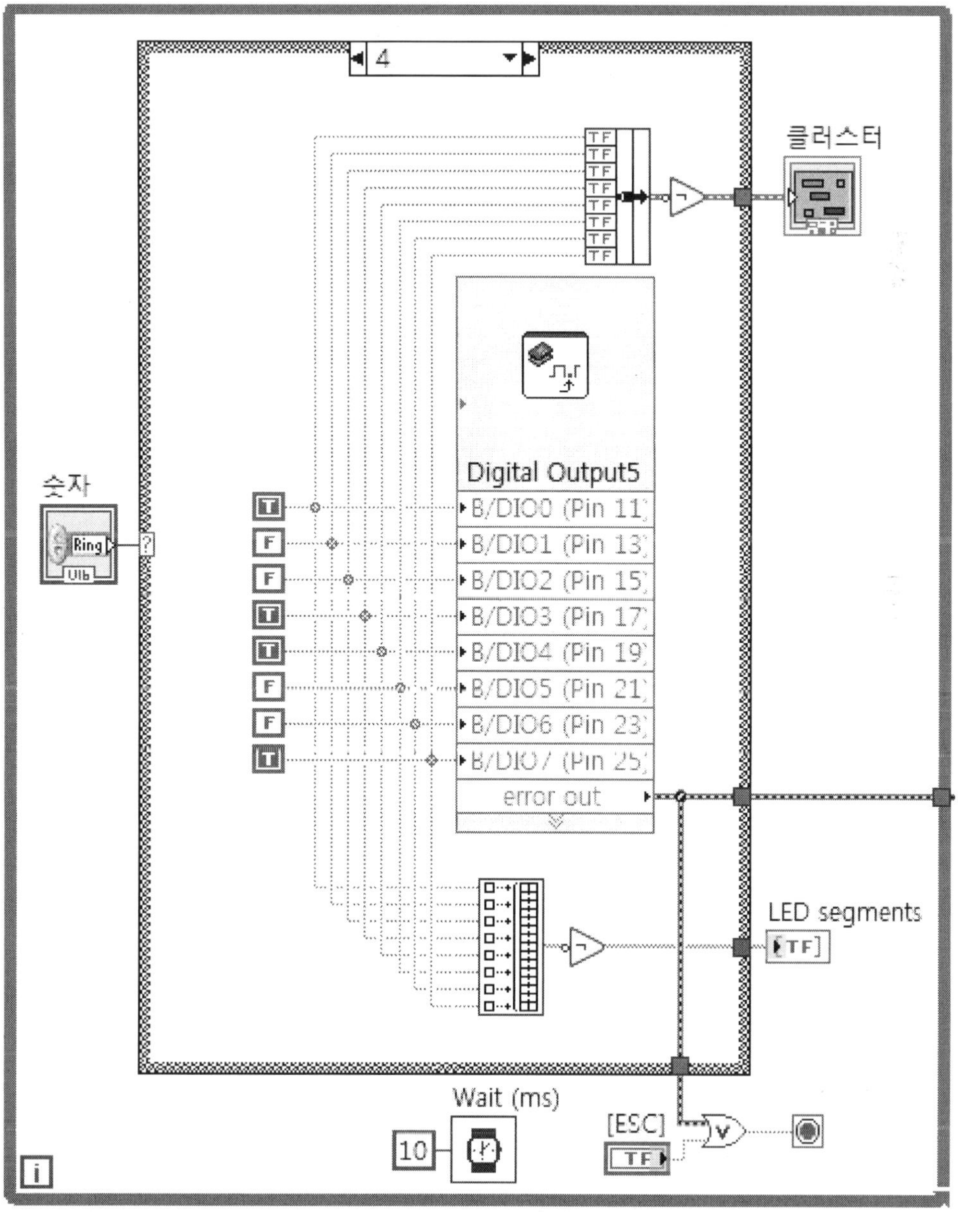

6. myRIO를 이용한 7-세그먼트 실습

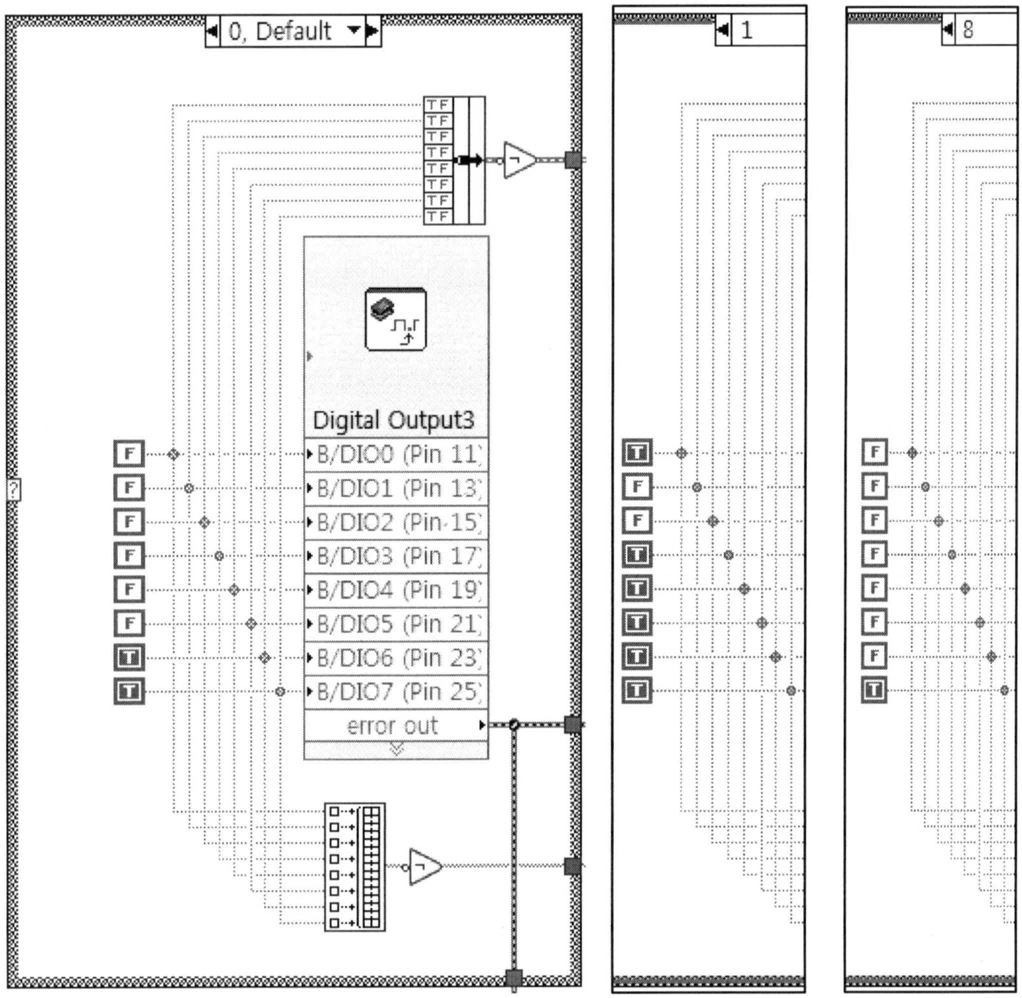

6.2 자동으로 0~9까지 표시하기

1) 시퀀스 구조를 사용하여 0부터 9까지 표시되도록 프로그래밍 한다.

2) 각 시퀀스에 '기다림' 함수를 써서 숫자가 일정시간 지속되도록 한다.

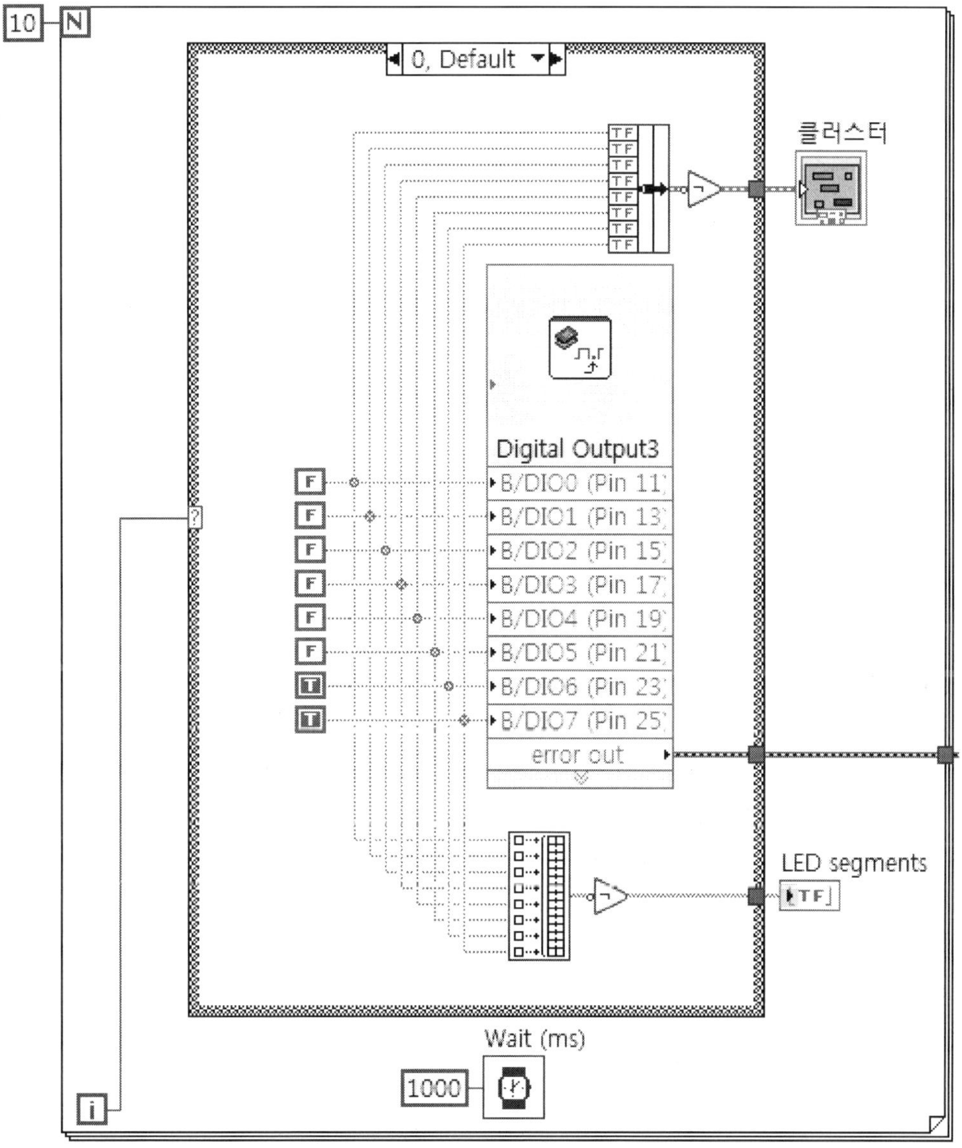

6.3 0을 표시하는 6개의 세그먼트중 한 개만 점등하여 맴돌기 (주파수 연결)

1) 위의 예제를 응용하여 각 시퀀스에 한 개의 세그먼트만 점등되도록 프로그래밍 한다.
2) LED때 사용했던 주파수 부분과 7-세그먼트 LED의 프로그램을 연결한다.

7

CHAPTER

myRIO를 이용한 DIP 스위치 실습

학습목표 및 내용

- 16핀 DIP 스위치와 16 포지션 회전식 DIP 스위치를 조작하고 그 결과를 화면에 표시하기
- DIP 스위치 입력 (1~8)을 7-세그먼트 LED에 표시하기
- 16 포지션 회전식 DIP 스위치의 입력을 7-세그먼트 LED에 표시하기

➤ 7.1 myRIO와 DIP스위치의 연결

(1) 학습 목표 및 기본 Task

DIP는 dual in-line package의 약자로 IC 기판에 쓰이도록 고안된 스위치 이다. 본 실험에서는 16핀 DIP 스위치와 16포지션 회전식 DIP 스위치의 사용법을 알아본다.

- 기본 Task: 16핀 DIP 스위치와 16 포지션 회전식 DIP 스위치를 조작하고 그 결과를 화면에 표시하기

(2) 필요한 부품

16핀 DIP 스위치, 16 포지션 회전식 DIP 스위치, 브레드 보드, 점퍼 와이어

(3) 회로도 및 핀 배정

본 실험을 위한 회로도는 다음과 같다.

16핀 DIP 스위치

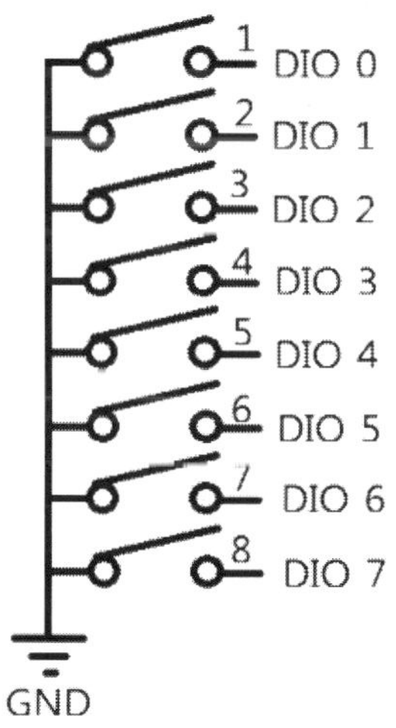

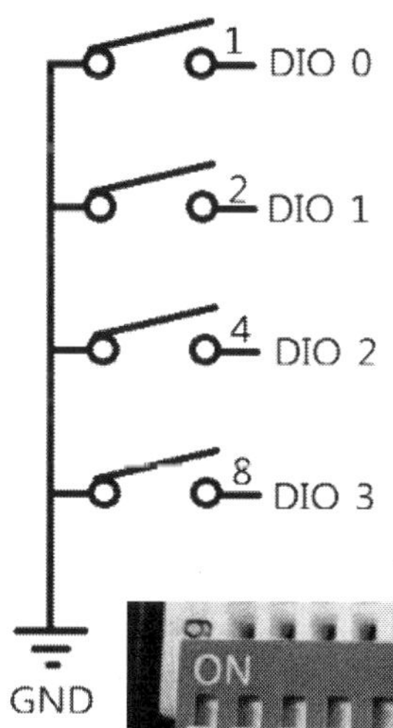

16 포지션 회전식 DIP 스위치

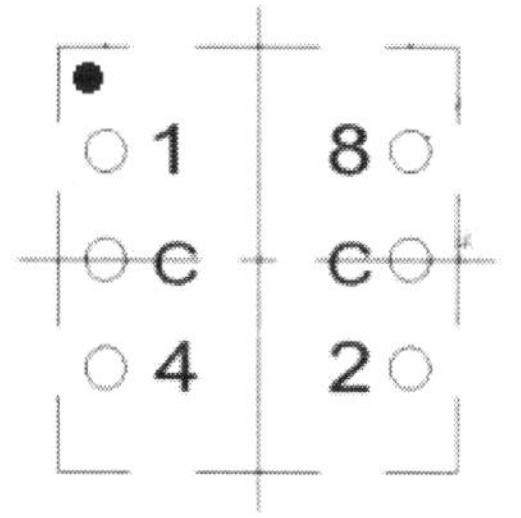

➤ 7.2 DIP 스위치를 활용한 프로그래밍

16 포지션 회전식 DIP 스위치와 16핀 DIP 스위치의 입력에 따라 블리언이 점등되도록 프로그래밍 하시오.

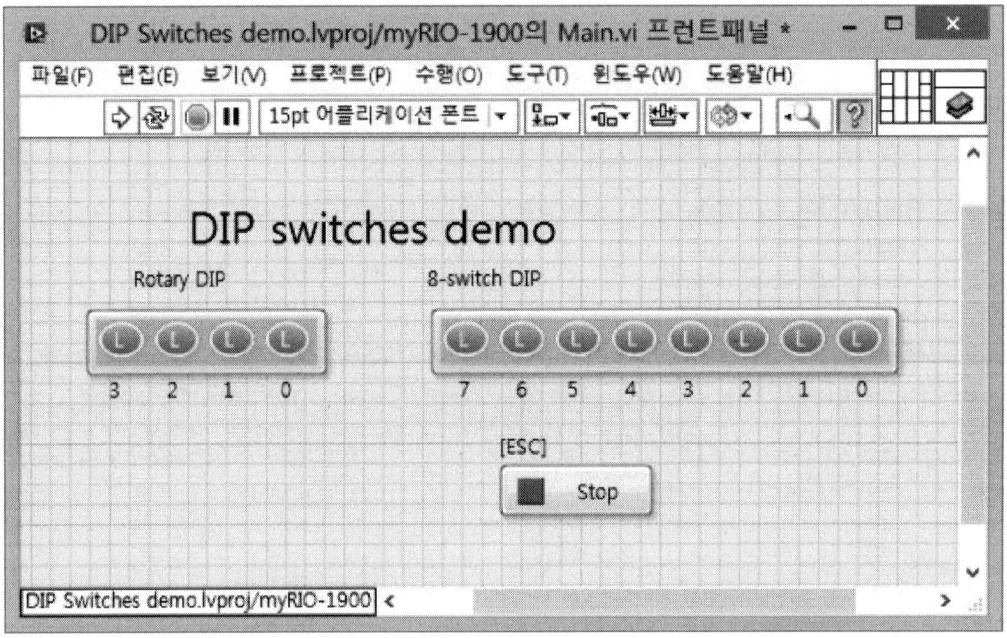

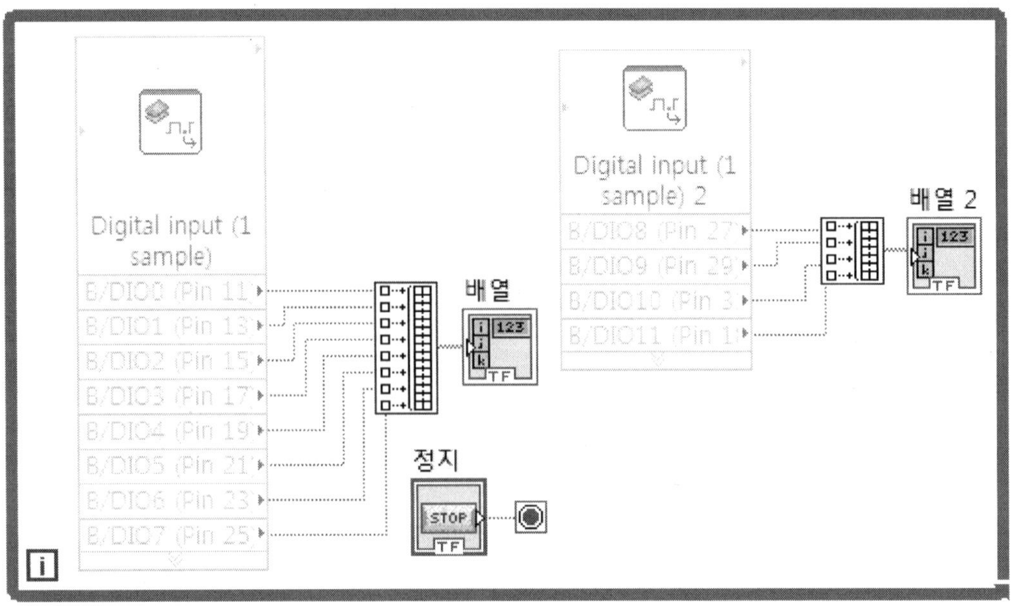

【실습문제 7】

7.1 DIP 스위치 입력 (1~8)을 7-세그먼트 LED에 표시하기

1) DIP 스위치는 한번에 한 개씩 on을 하는 것으로 한다.
2) 시퀀스 구조를 이용하여 어느 DIP 스위치가 on상태인지를 구별한다.
3) 각 시퀀스에 해당하는 숫자를 표시하는 부분을 프로그래밍 한다.

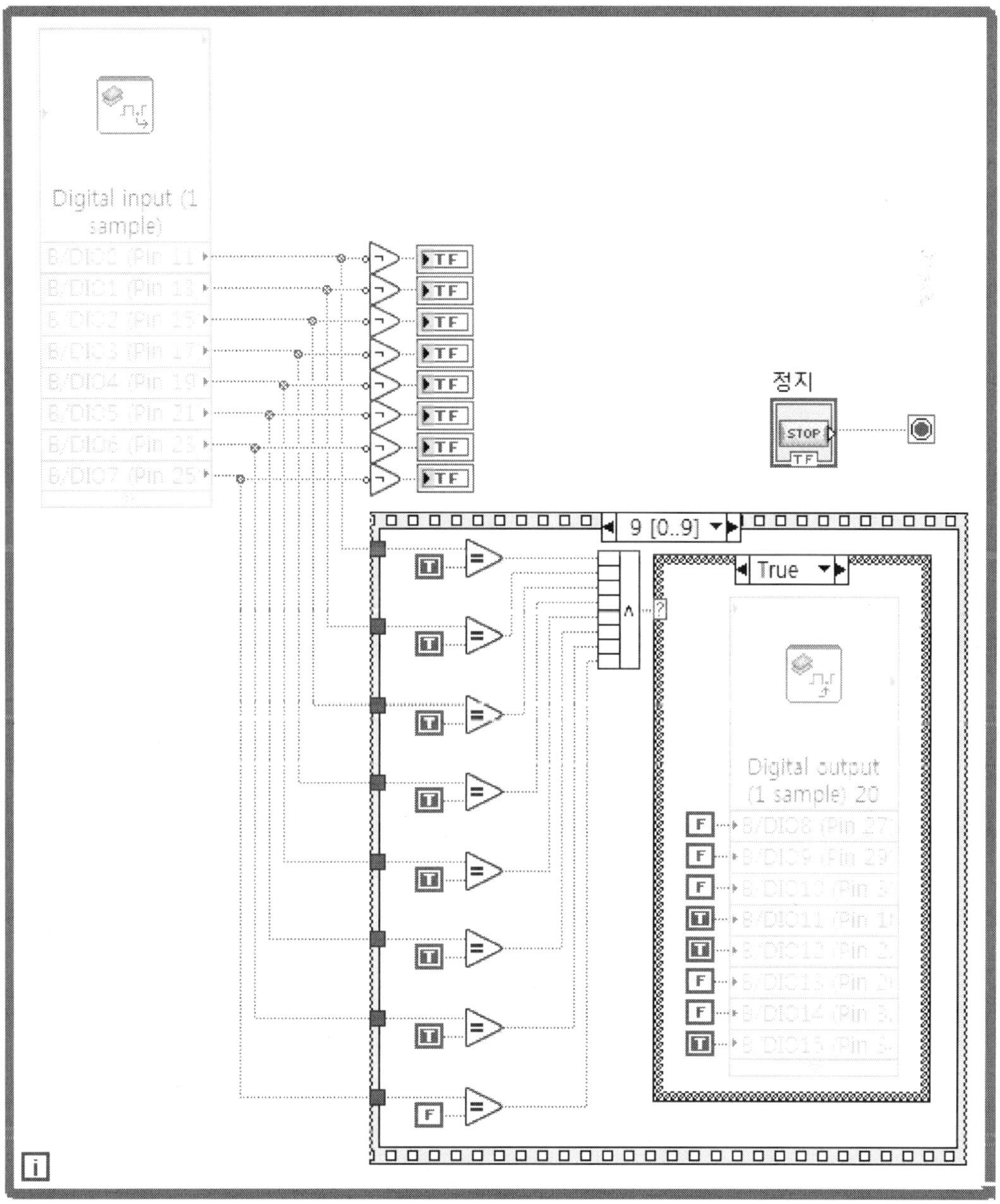

7.2. 16 포지션회전식 DIP 스위치의 입력(0~9, A~F)를 7-세그먼트 LED에 표시하기

1) 각 DIP 스위치에서 받아들인 신호를 이진법으로 계산하여 10진수로 만든다.
2) 각 숫자에 해당하는 7-세그먼트 LED 점등을 케이스 구조를 이용하여 프로그래밍 한다.

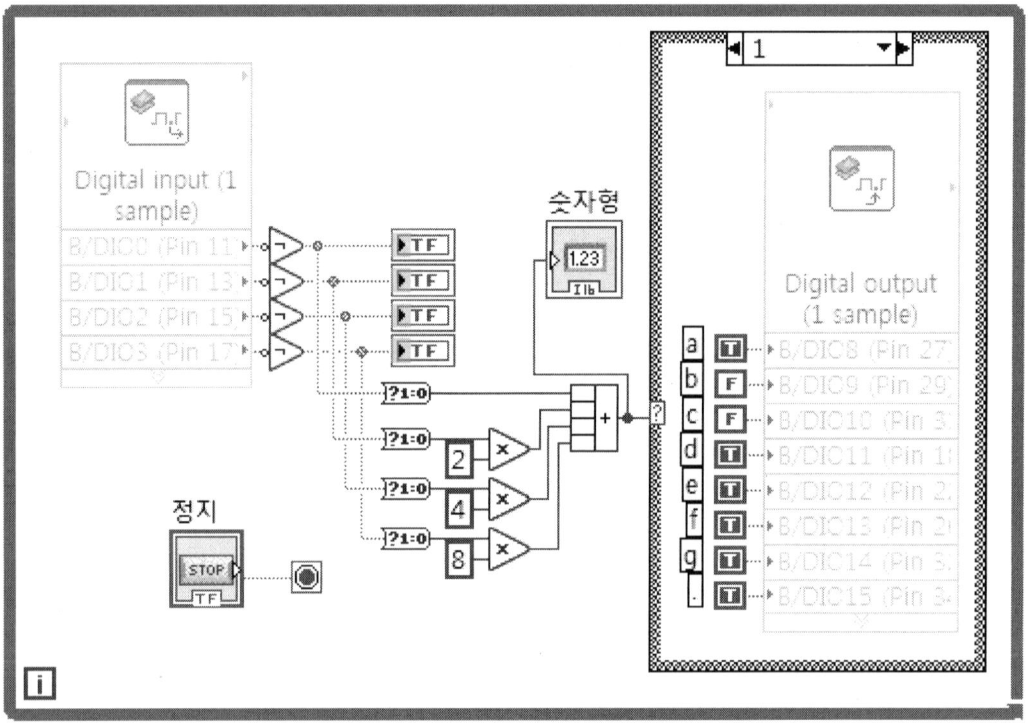

CHAPTER 8

myRIO를 이용한 릴레이 실습

8.1 myRIO와 릴레이의 연결

8.2 릴레이를 활용한 프로그래밍

학습목표 및 내용

- 릴레이의 동작을 소리로 확인하기
- 릴레이를 LED와 연결하여 철길 건널목 신호등 만들기
- 주파수 조절 장치를 추가하여 LED가 바뀌는 시간을 조절하기

8.1 myRIO와 릴레이의 연결

(1) 학습 목표 및 기본 Task

릴레이란 코일에 전류를 흘리면 자석이 되는 성질을 이용하여 스위치부의 접점을 닫거나 열기도 한다. 5V와 같이 저전압계로 구성된 회로에 AC 220V의 회로를 on/off 할 수 없다. 이때 전기적으로 독립된 릴레이를 사용하여 고전압, 대전류 회로를 on/off 할 수 있다.

- 기본 Task: 릴레이의 동작을 소리로 확인하기

(2) 필요한 부품

JZC-11F 릴레이
1N4001 정류기
ZVP211 MOSFET
브레드 보드
점퍼 와이어

(3) 회로도 및 핀 배정

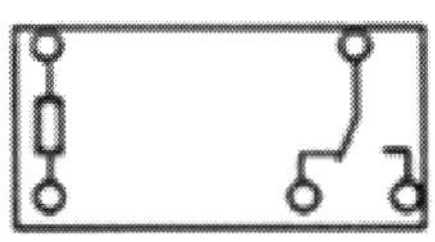

릴레이

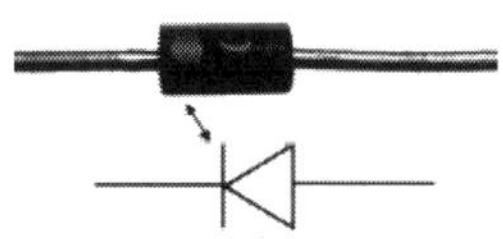

정류기

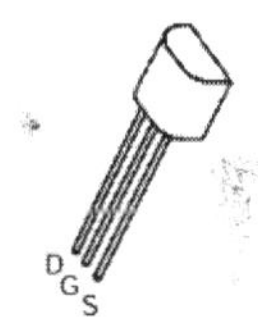

MOSFET

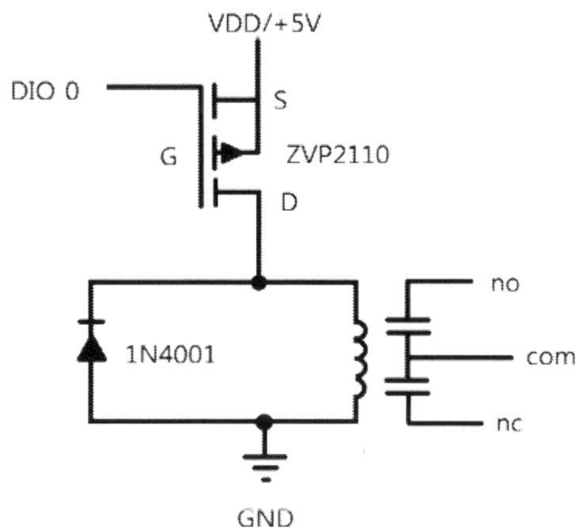

릴레이 회로도

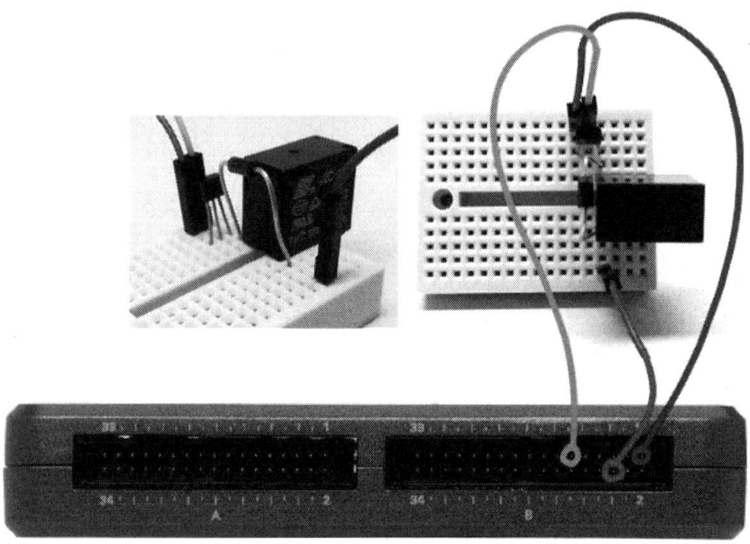

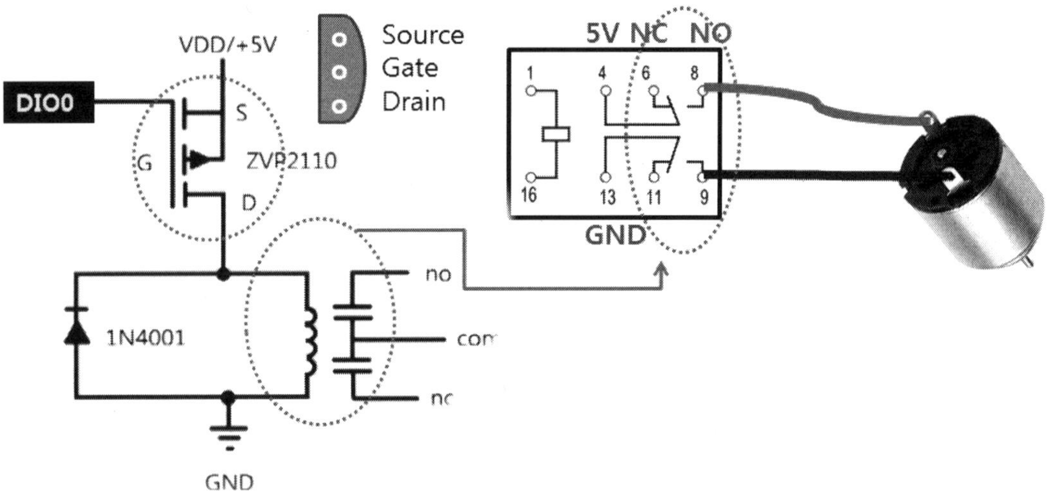
VDD/+5V
Source
Gate
Drain
DIO0
S
G
ZVP2110
D
1N4001
GND
no
5V NC NO
1
4
6
8
16
13
11
9
GND

➤ 8.2 릴레이를 활용한 프로그래밍

① LabVIEW를 실행하고 Project를 생성한다.

② Start.VI를 해당폴더에 복사하여 넣는다.

③ 프로젝트 탐색기에서 myRIO을 선택한 후 오른쪽 클릭을 하여 추가>화일>Start.vi를 선택하고 기존에 있는 Mail.vi를 지운다.

④ Start.vi를 불러온 후

⑤ Start.vi를 다음과 같이 프로그래밍 한다.

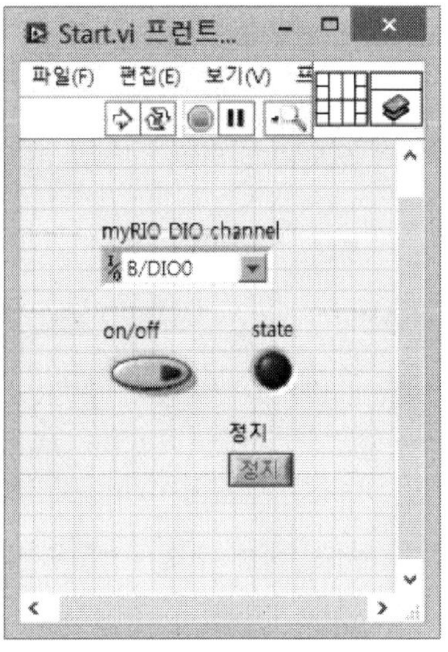

8. myRIO를 이용한 릴레이 실습

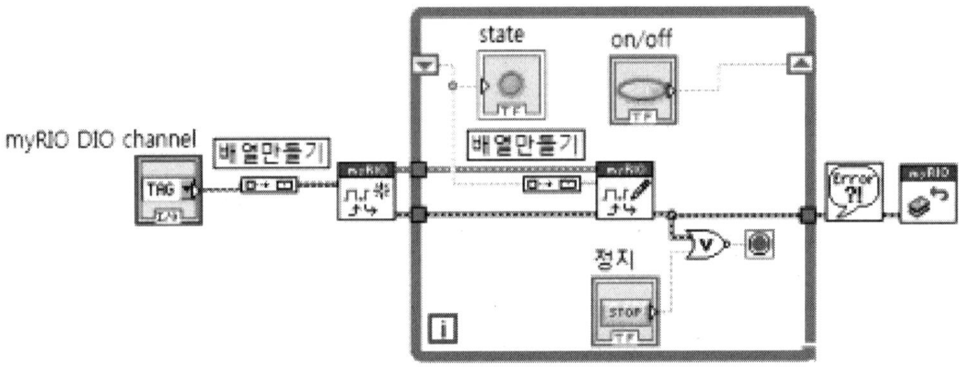

⑥ 프로젝트를 실행하여 릴레이 작동을 확인한다.

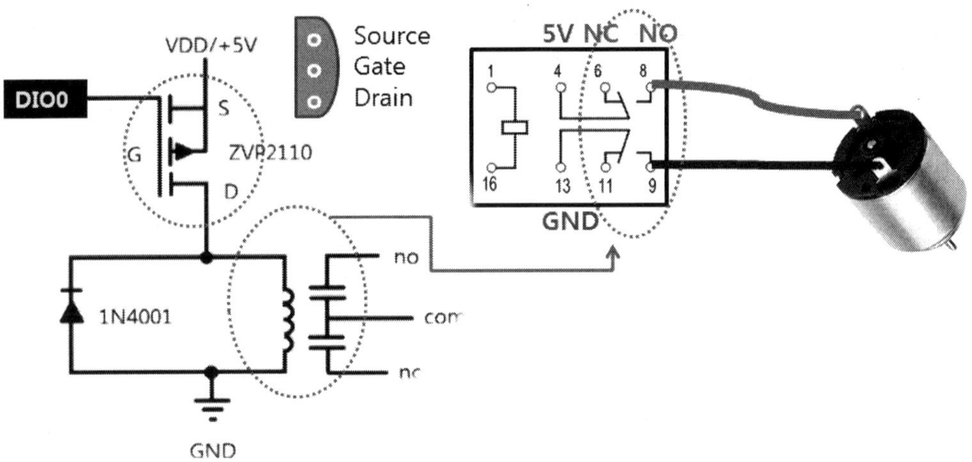

【실습문제 8】

8.1 릴레이를 LED와 연결하여 철길 건널목 신호등 만들기

1) 릴레이 반대쪽(출력)에 LED 두 개를 연결한다.

2) 각각의 LED에 220kΩ을 연결하고 3.3V의 전압을 걸어준다.

3) 프로그램을 실행하여 릴레이 작동과 LED가 바뀌는 것을 확인한다.

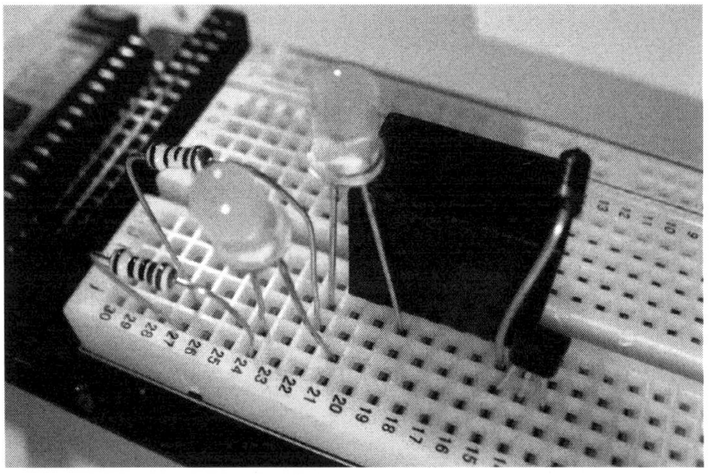

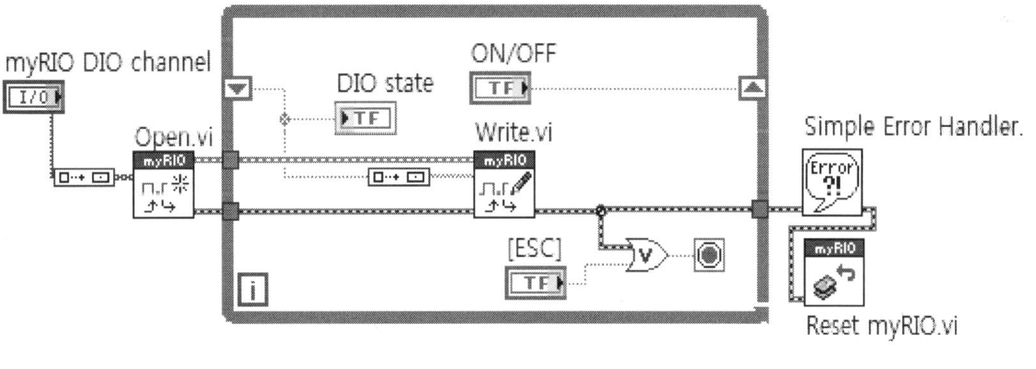

8.2 주파수 조절 장치를 추가하여 LED가 바뀌는 시간을 조절하기

1) 주파수 조절은 기다림 함수를 쓴다.

2) 주파수가 바뀜에 따라 LED가 바뀌는 것을 확인한다.

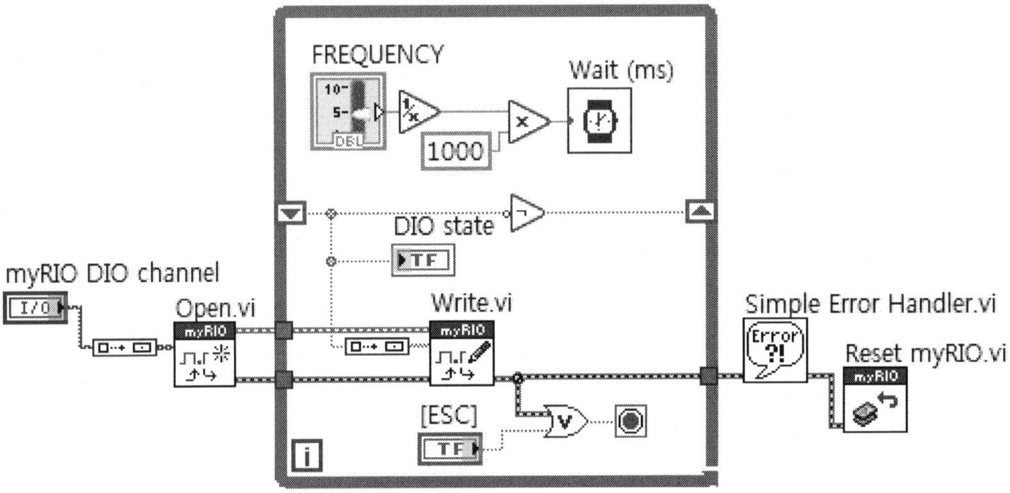

8.3 모터를 정회전 역회전 할 수 있는 프로그램을 작성하여라.

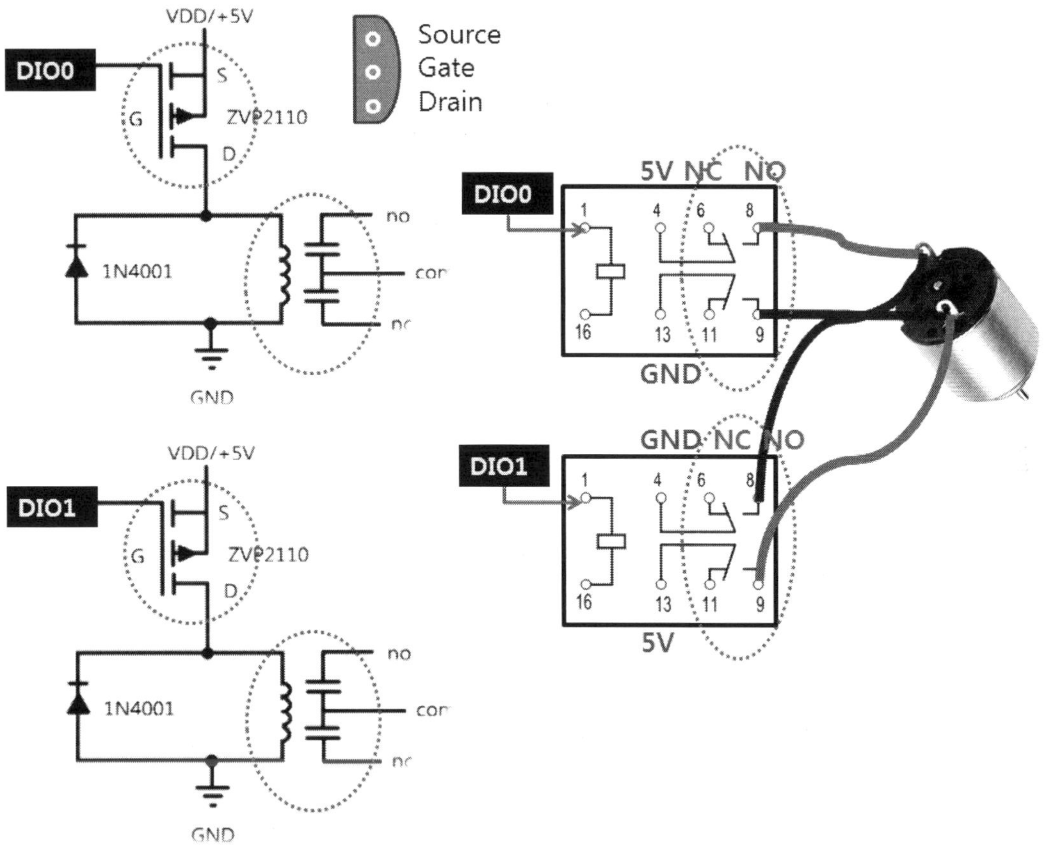

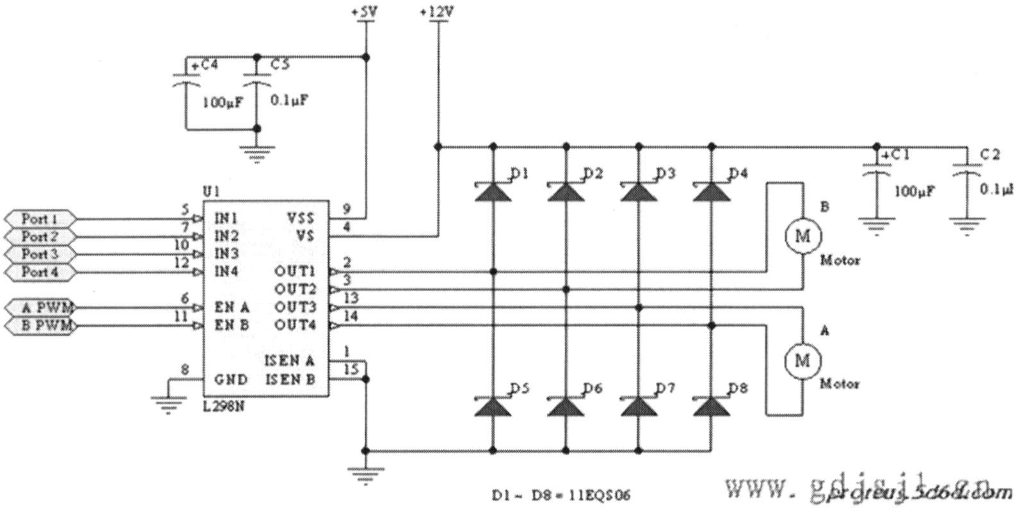
+5V
+12V
C4
C5
100μF
0.1μF
U1
Port 1
Port 2
Port 3
Port 4
A PWM
B PWM
IN1
IN2
IN3
IN4
EN A
EN B
GND
VSS
VS
OUT1
OUT2
OUT3
OUT4
ISEN A
ISEN B
L298N
D1
D2
D3
D4
D5
D6
D7
D8
C1
C2
100μF
0.1μ
B
M
Motor
A
M
Motor
D1 ~ D8 = 11EQS06

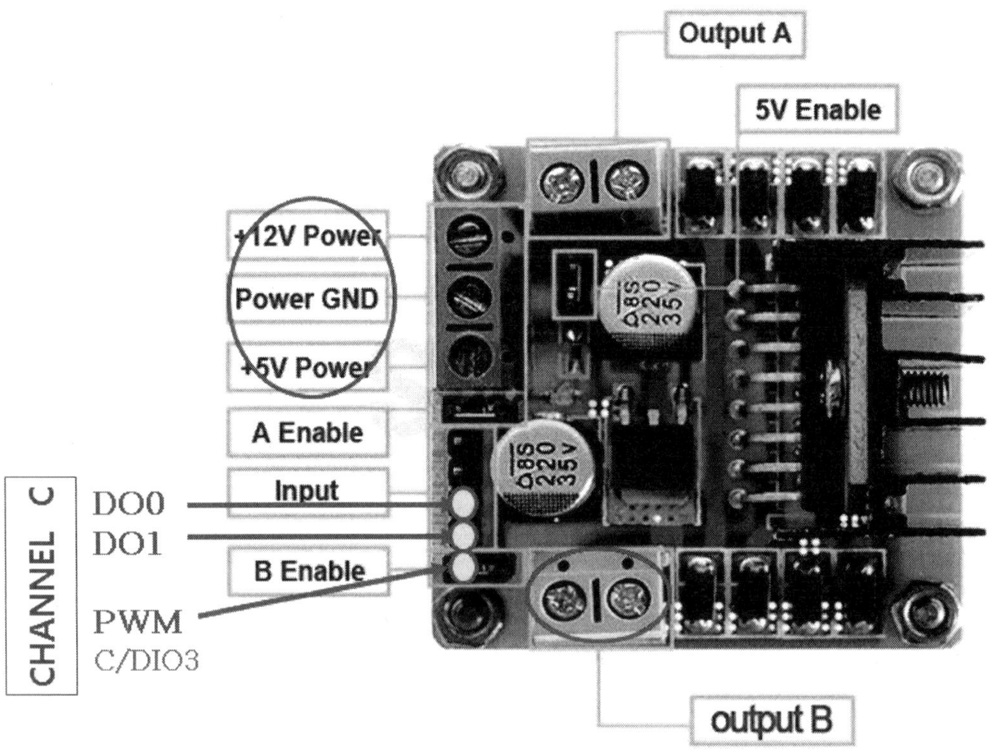
Output A
5V Enable
+12V Power
Power GND
+5V Power
A Enable
Input
B Enable
CHANNEL C
DO0
DO1
PWM
C/DIO3
output B

CHAPTER 9

myRIO를 이용한 전위차계 실습

학습목표 및 내용

- 가변 저항기와 아날로그 input을 사용하여 가변저항기를 통한 전압을 측정
- 가변저항을 조절하여 LED의 밝기를 조절
- 가변저항 값을 디지털화 하여 프런트 패널의 원형 LED를 점등하고 7-세그먼트 LED로 표시

➤ 9.1 myRIO와 전위차계의 연결

(1) 학습 목표 및 기본 Task

가변저항은 전자회로에서 저항값을 임의로 바꿀 수 있는 저항기이다. 이번 실험의 목적은 가변저항기를 이용하여 아날로그 입출력을 익히는 데 그 목적이 있다.

- 기본 Task : 가변 저항기와 아날로그 input을 사용하여 가변저항기를 통한 전압을 측정하는 데 그 목적이 있다.

(2) 필요한 부품

10kΩ 가변저항, MXP 브레드 보드, 점퍼 와이어

(3) 회로도 및 핀 배정

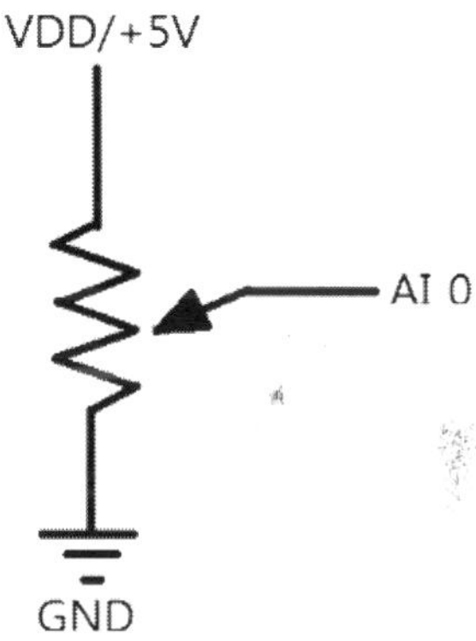

➤ 9.2 전위차계를 활용한 프로그래밍

① LabVIEW를 실행하고 프로젝트를 생성한다.

② Main.vi를 다음과 같이 수정한다.

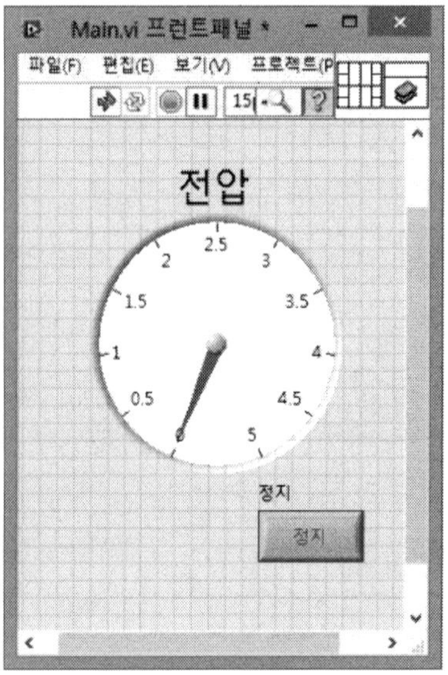

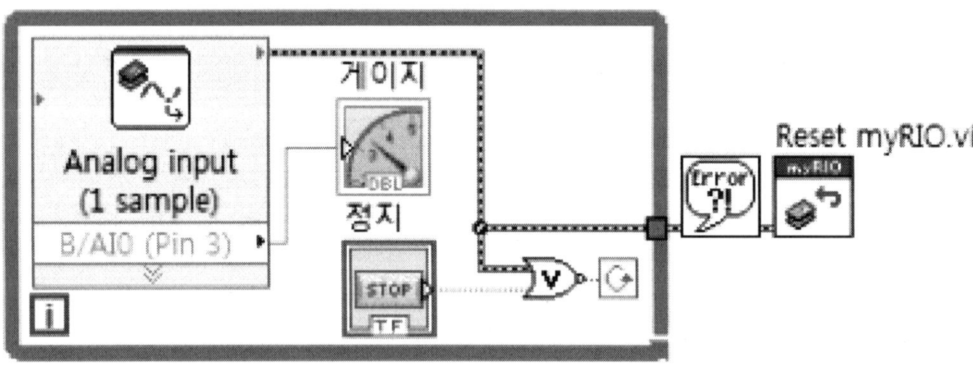

③ 가변저항을 변화시키면서 게이지가 바뀌는 것을 확인한다.

【실습문제 9】

9.1. 가변저항을 조절하여 LED의 밝기를 조절한다.

1) Analog Input에서 받아들이는 수를 그대로 Analog Output에 연결한다.
2) Analog Output에는 LED와 저항을 연결한다.
3) Analog Input에서 받아들이는 양에 따라 LED의 밝기가 바뀌는 것을 확인한다.

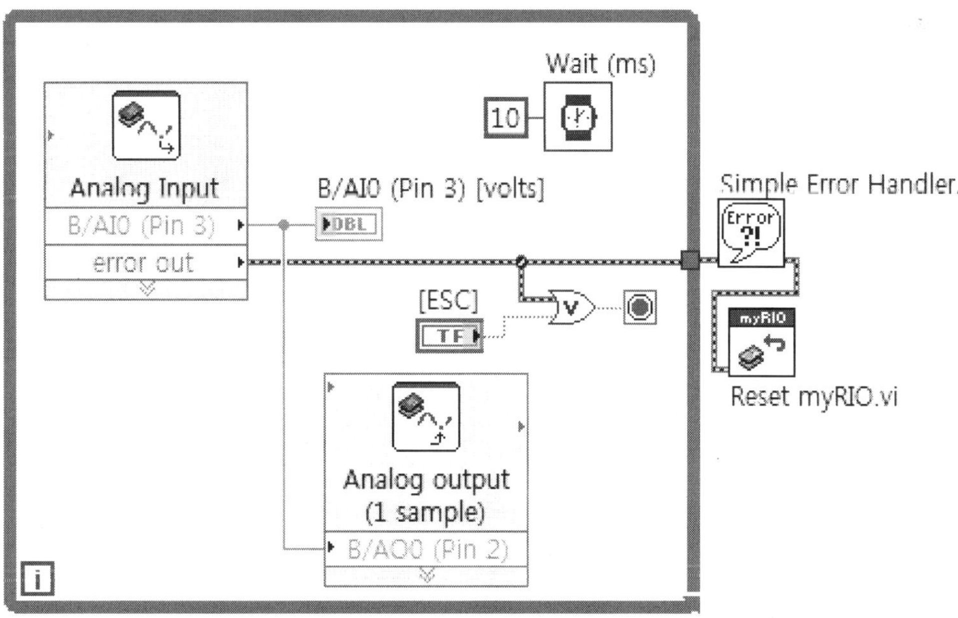

9.2. 가변저항 값을 디지털화 하여 프런트 패널의 원형 LED를 점등하고 7-세그먼트 LED로 표시한다.

1) 가변 저항의 값을 0~1, 1~2, 2~3, 3~4, 4~5, 5 이상으로 나눈다.
2) 각 경우에 해당하는 값을 0, 1, 2, 3, 4, 5로 한다.

3) 2)에서 지정한 값과 케이스 문을 사용하여 프런트 패널의 LED를 점등하는 프로그램을 작성하고 또 각각의 경우 Digital Output을 사용하여 7-세그먼트 LED를 점등하도록 프로그래밍 한다.

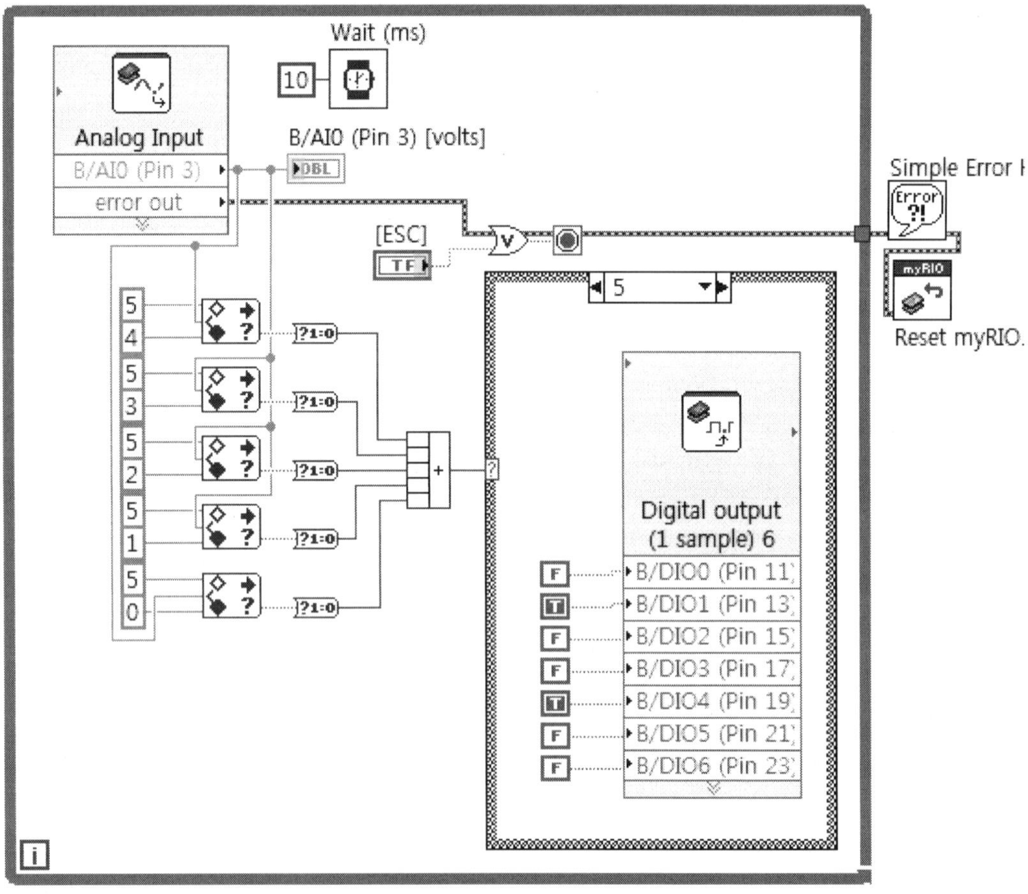

10
CHAPTER

myRIO를 이용한 광센서 실습

학습목표 및 내용

- 광센서와 아날로그 입출력을 이용하여 밝기에 따른 광센서의 저항변화를 확인
- 광센서의 입력신호를 LED의 밝기 변화로 표현하기
- 광센서에서 받아들이는 밝기가 일정 이하가 되면 LED 점등

➤ 10.1 myRIO와 광센서의 연결

(1) 학습 목표 및 기본 Task

본 광센서는 황화카드뮴의 광전도성을 이용한 수광소자로서 강한 빛이 작용하면 전기 저항이 줄고 빛이 약해지면 전기 저항이 늘어나는 성질을 이용한 센서이다. 본 실험에서는 광센서와 아날로그 입출력을 사용하여 광센서의 특성을 살펴본다.

- 기본 Task: 광센서와 아날로그 입출력을 이용하여 밝기에 따른 광센서의 저항변화를 확인한다.

(2) 필요한 부품

광센서, 10kΩ 저항, 브레드 보드, 점퍼 와이어

(3) 회로도 및 핀 배정

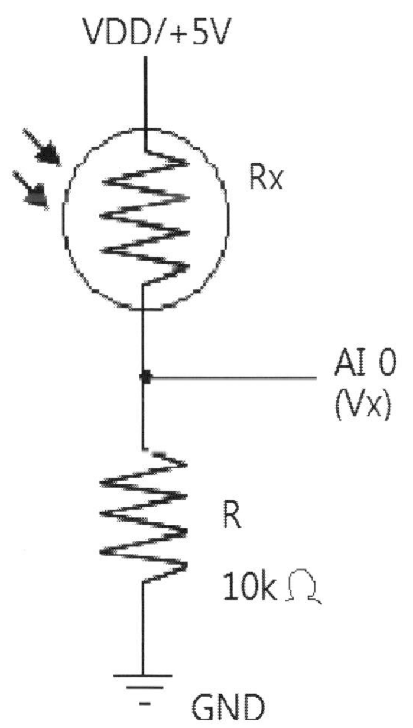

$$V_x = \frac{R}{R+R_x} V_{DD}$$

$$R_x = \frac{V_{DD} - V_x}{V_x} R$$

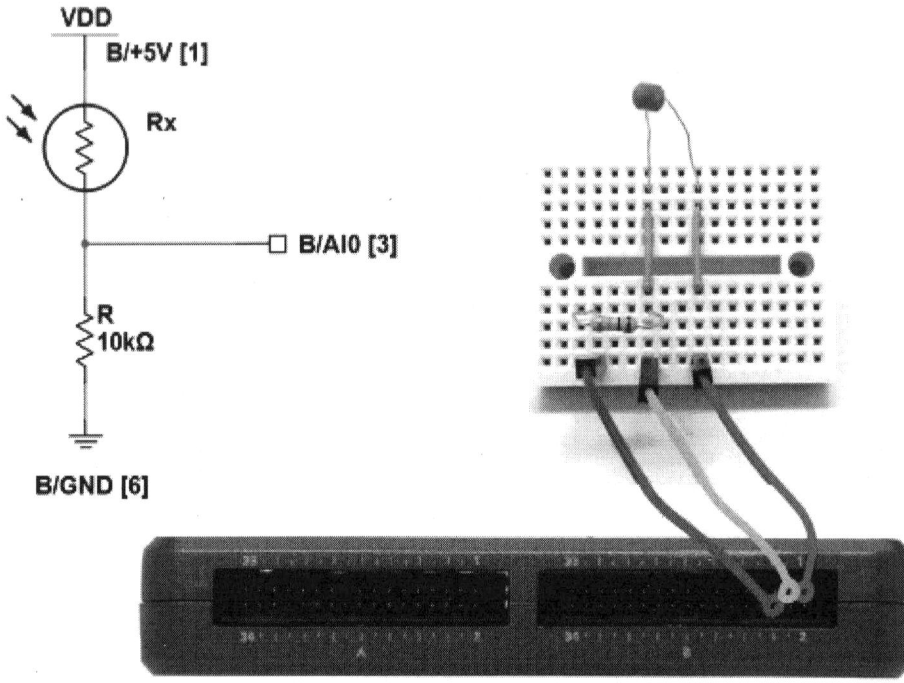
VDD
B/+5V [1]
Rx
B/AI0 [3]
R
10kΩ
B/GND [6]

➤ 10.2 광센서를 활용한 프로그래밍

다음과 같이 광센서의 저항을 나타내도록 프로그래밍 하시오.

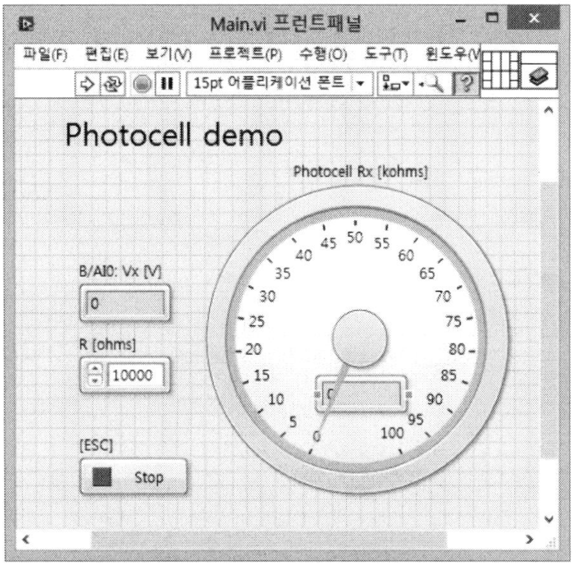

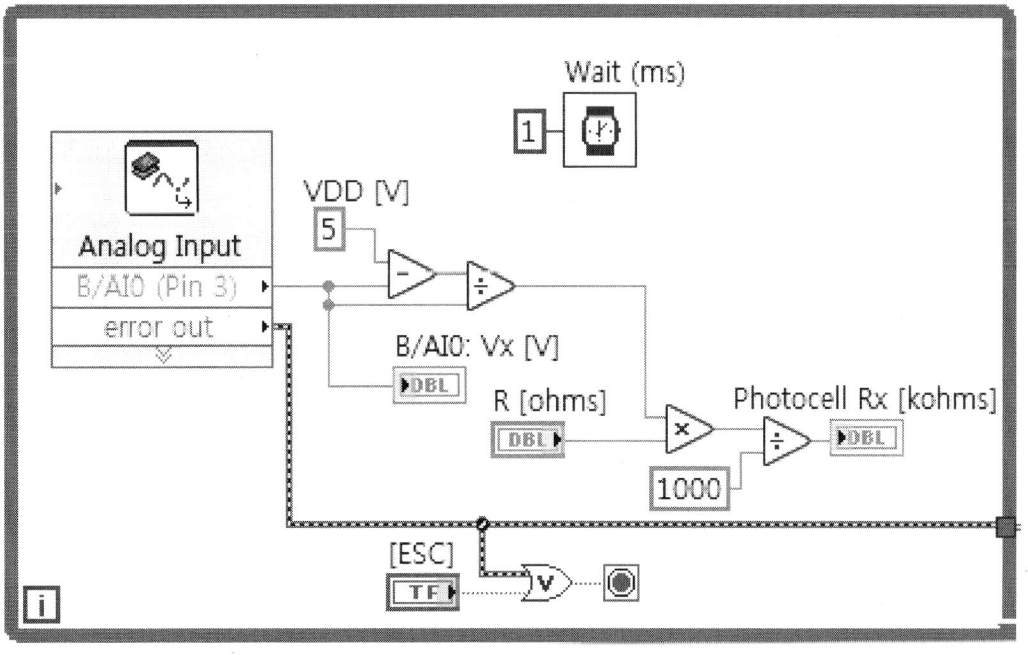

【실습문제 10】

10.1. 광센서의 입력신호를 LED의 밝기 변화로 표현하기

1) 광센서의 입력값의 범위를 계산하여 Analog Output의 출력값이 되도록 프로그래밍 한다.
2) 위에서 계산한 값을 Analog Output을 사용하여 LED의 밝기가 바뀌도록 프로그래밍 한다.

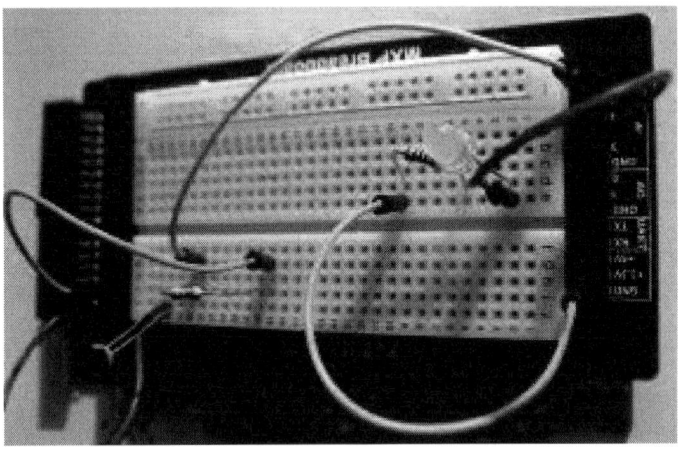

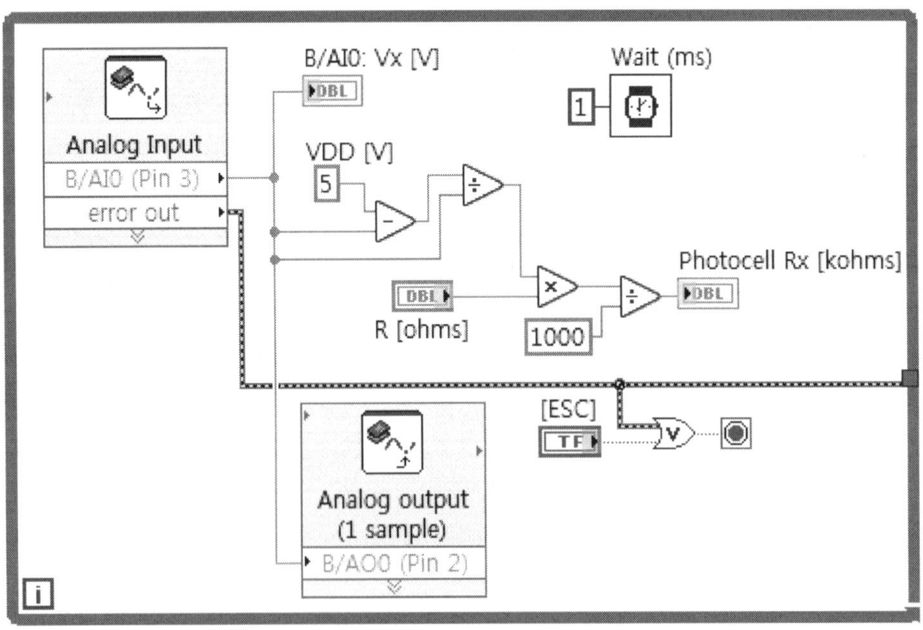

10.2. 광센서에서 받아들이는 밝기가 일정 이하가 되면 LED가 점등 되도록 (가로등 흉내내기)

1) 광센서에서 받아들이는 값을 측정하여 문턱값을 정한다.
2) Digital Output을 사용하여 문턱값 이하가 되면 LED가 점등되도록 프로그래밍 한다.

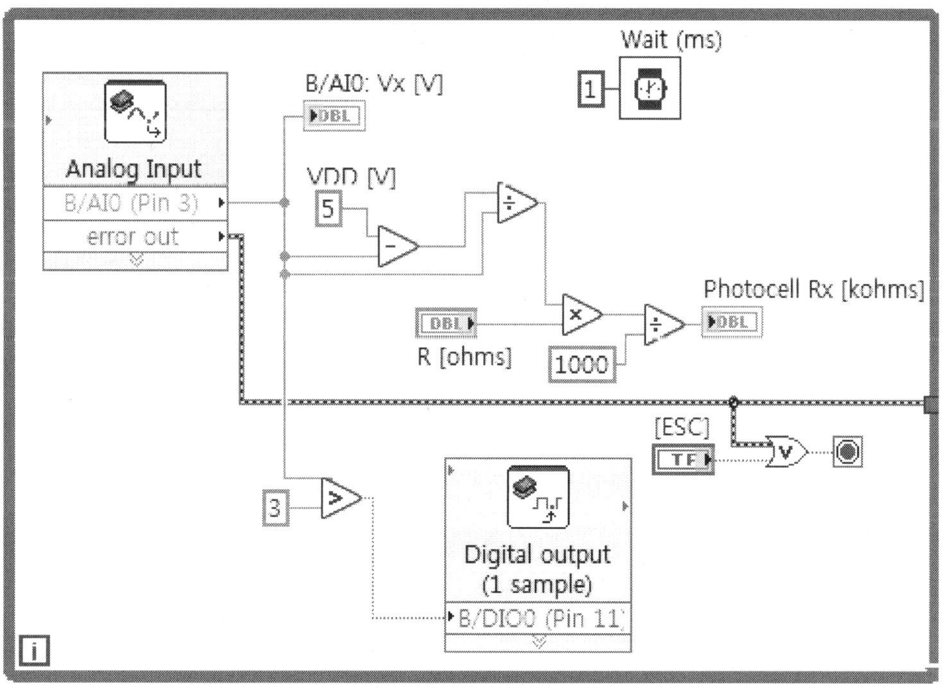

11

CHAPTER

myRIO를 이용한 버저 및 모터 실습

학습목표 및 내용

- 릴레이와 모터를 연결하여 정방향과 역방향 구동하기
- 모터의 정방향과 역방향 구동시 버저에서 다른 소리 내기

➤ 11.1 myRIO와 버저 및 모터의 연결

(1) 학습 목표 및 기본 Task

버저는 LED와 더불어 시스템의 상태를 나타내는 목적으로 많이 전기 부품이다. 특히 시스템의 위험을 청각적으로 알리는데 널리 쓰이고 있다. 모터는 시스템을 구동하는데 쓰이는 부품으로 시스템의 모든 구동은 모터에서 시작된다고 해도 과언이 아닐 정도로 가장 많이 쓰이는 부품이다. 본 실험에서는 버저와 모터의 쓰임과 콘트롤 방법을 익히는데 있다.

– 기본 Task: 버저와 모터의 기본 작동 확인하기

(2) 필요한 부품

버저/스피커, 1kΩ 저항, MXP 브레드 보드, 점퍼와이어, DC 모터
1N3064 다이오드
2N3904 트랜지스터
1N4001 다이오드
ZVP2110A n채널 MOSFET
ZVP2110A p채널 MOSFET
IRF510 n채널 트랜지스터

(3) 회로도 및 핀 배정

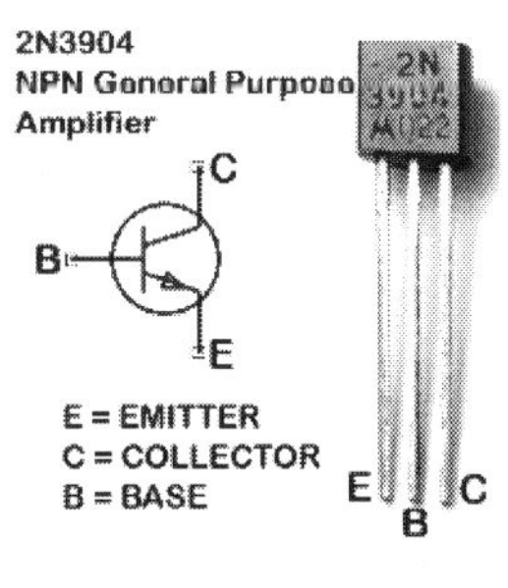	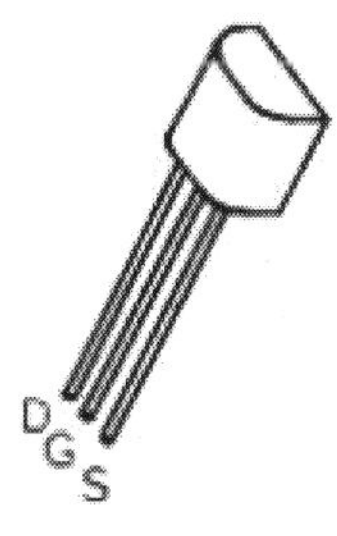	
2N3904	ZVN2110	IRF510

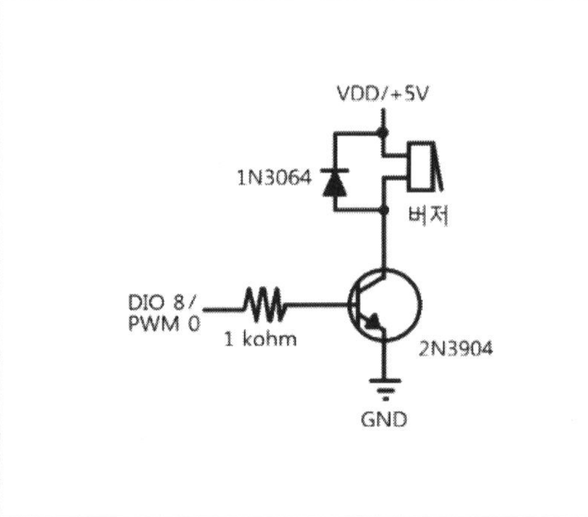	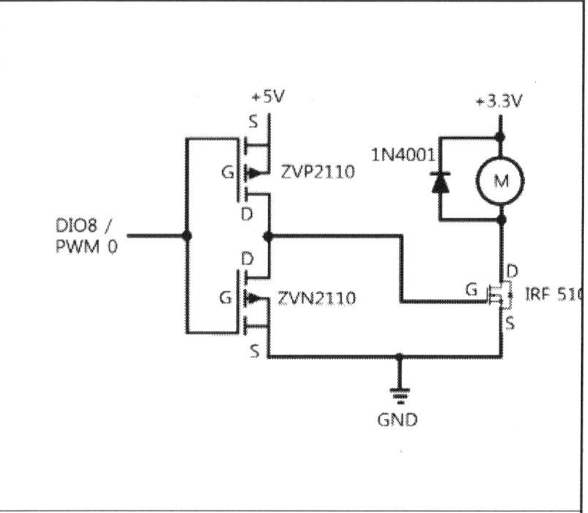
버저	모터

VDD/+5V
1N3064
버저
DIO 8/
PWM 0
1 kohm
2N3904
GND

+5V
S
G
ZVP2110
D
DIO8 /
PWM 0
D
G
ZVN2110
S
+3.3V
1N4001
M
D
G
IRF 510
S
GND

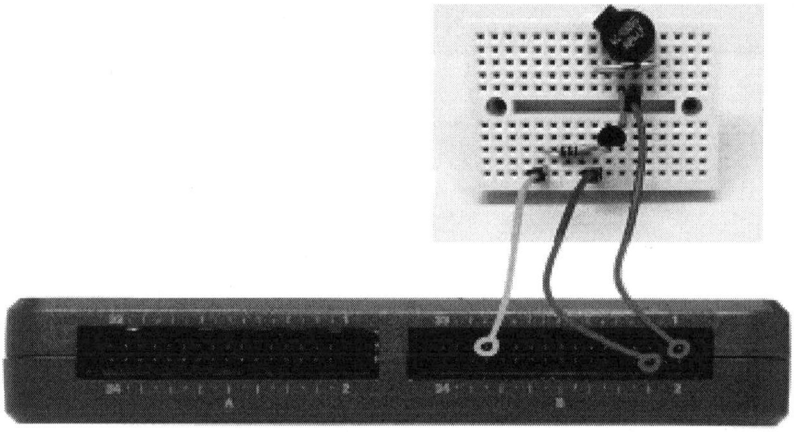

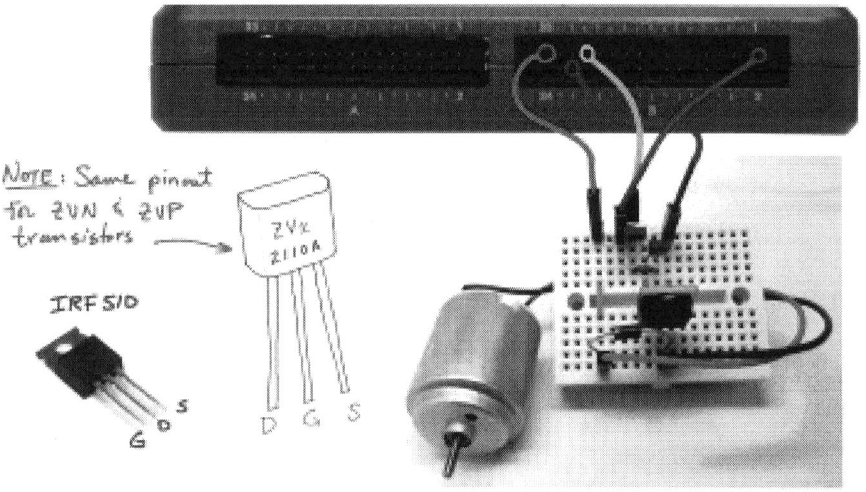

NOTE: Same pinout for ZVN & ZVP transistors
ZVx
2110A
D G S
IRF510
G D S

➤ 11.2 버저를 활용한 프로그래밍

① LabVIEW를 실행하고 프로젝트를 생성한다.

② Main.vi를 다음과 같이 수정한다.

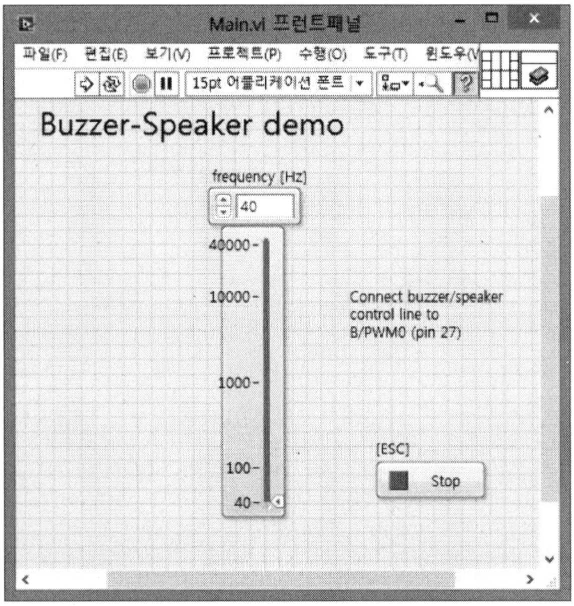

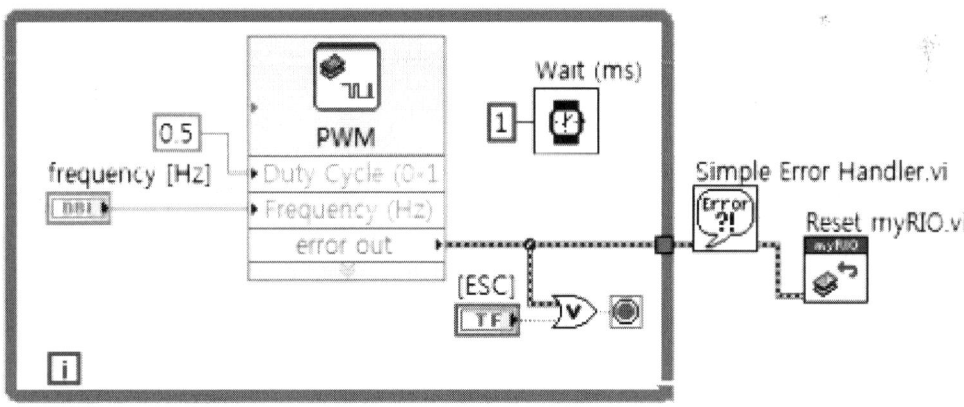

③ 주파수를 변화시키면서 소리가 바뀌는 것을 확인한다.

➤ 11.3 모터를 활용한 프로그래밍

① LabVIEW를 실행하고 프로젝트를 생성한다.

② Main.vi를 다음과 같이 수정한다.

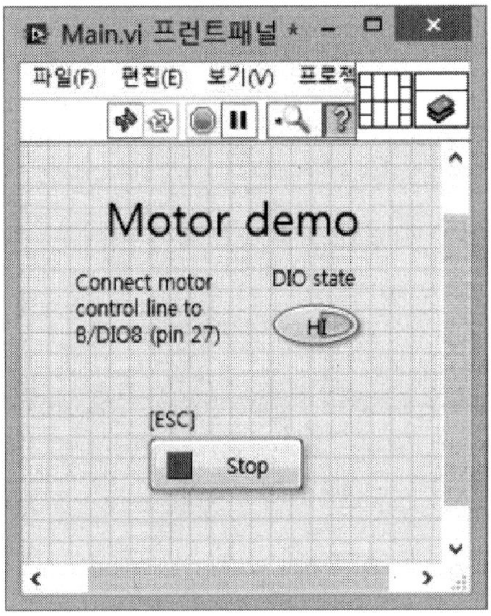

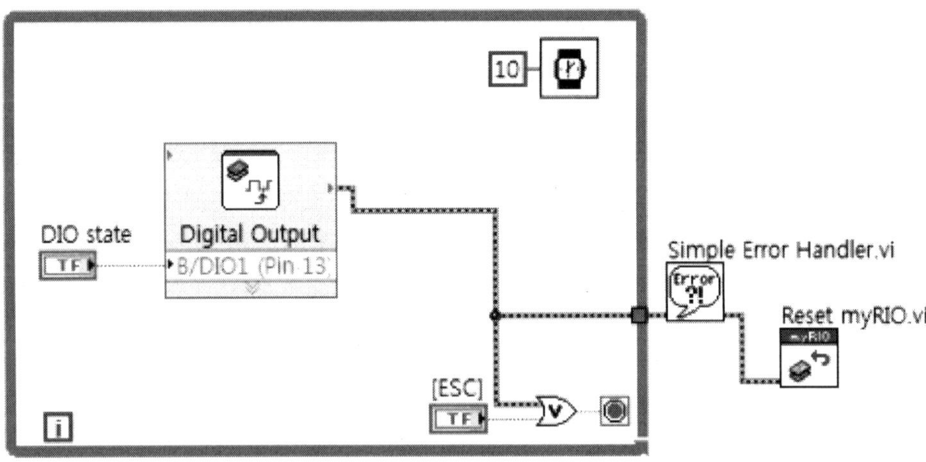

③ 모터가 구동되는 것을 확인한다.

【실습문제 11】

11.1. 릴레이와 모터를 연결하여 정방향과 역방향 구동하기

1) 앞에서 했던 릴레이 회로를 구성한다.
2) 릴레이의 반대쪽 단자에 ±15V와 GND를 연결하고 GND쪽에 모터와 저항을 연결한다.
3) 릴레이의 스위칭에 따라 모터가 정방향과 역방향으로 구동되도록 한다.

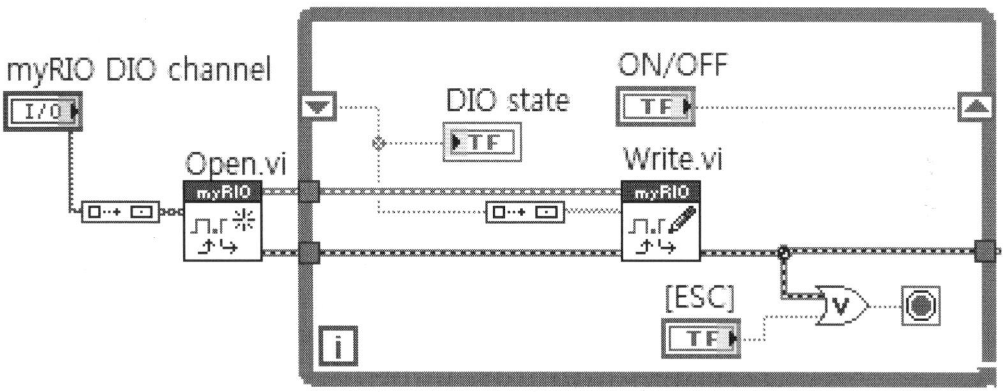

11.2. 모터의 정방향과 역방향 구동시 버저에서 다른 소리 내기

1) 블록 다이어그램에서 릴레이의 상태를 나타내는 논리 Line을 이용한다.
2) 이 논리 Line의 참, 거짓에 따라 버저의 PWM함수의 주파수를 바꾸는 case 구조를 사용하여 서로 다른 소리가 나도록 한다.

12

CHAPTER

myRIO를 이용한 엔코더 실습

학습목표 및 내용

- 엔코더의 횟수를 푸쉬버튼으로 리셋하기
- 엔코더의 횟수를 7-세그먼트 LED로 표시하기

➤ 12.1 myRIO와 엔코더의 연결

(1) 학습 목표 및 기본 Task

회전방향의 기계적 변위량을 디지털량으로 변환하는 위치 센서를 총칭하여 로터리 엔코더라고 한다. 본래 로터리 엔코더는 회전각 측정용의 검출기로써 고안된 것으로 근래에는 로봇이나 정보기기의 위치 결정 서보계에 사용되는 등 용도가 넓어지고 있다. 본 실험에서는 엔코더의 사용 방법에 대해 알아보자

(2) 필요한 부품

로터리 엔코더

10kΩ 저항, 0.01μ F 콘덴서 (103 모델), MXP 브레드 보드, 점퍼 와이어

(3) 회로도 및 핀 배정

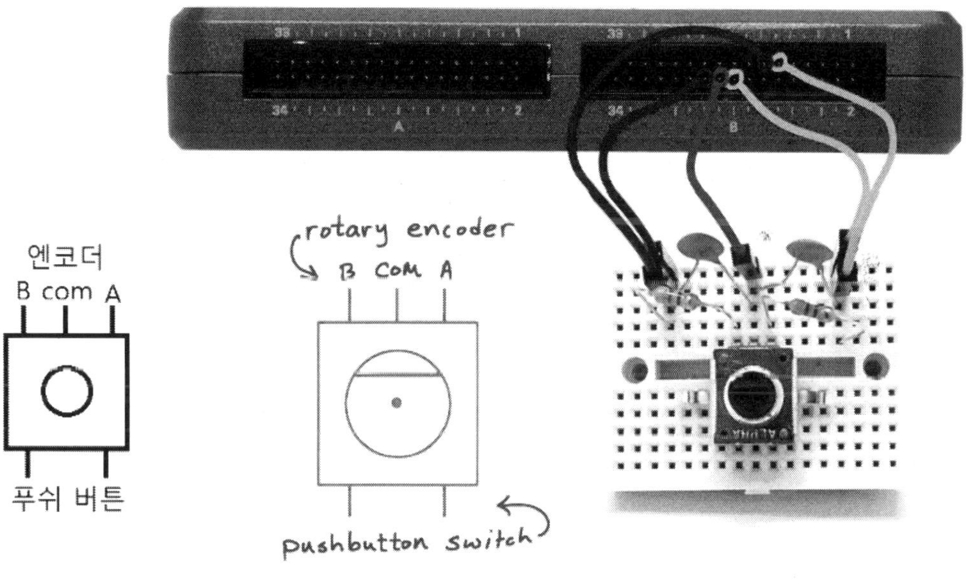

➤ 12.2 엔코더를 활용한 프로그래밍

① LabVIEW를 실행하고 프로젝트를 생성한다.

② Main.vi를 다음과 같이 수정한다.

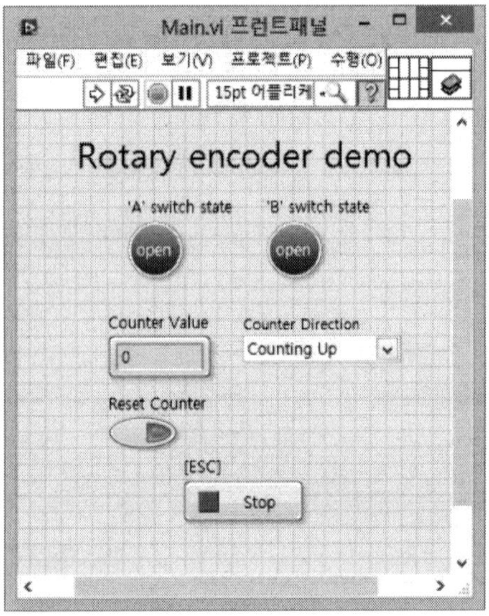

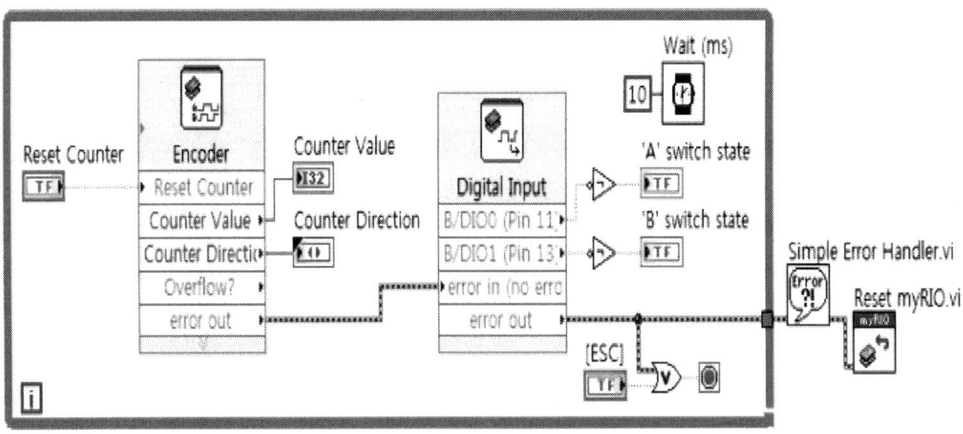

③ 엔코더를 변화시키면서 결과가 바뀌는 것을 확인한다.

【실습문제 12】

12.1. 엔코더의 횟수를 푸시버튼으로 리셋하기

1) 엔코더 회로와 푸시 버튼 회로를 만든다
2) 위에서 개발한 엔코더 프로그램에서 Reset Counter 블리언 을 푸시 버튼의 Digital Input으로 대치한다.

12.2. 엔코더의 횟수를 7-세그먼트 LED로 표시하기

1) 위의 프로그램에서 Counter Value를 case 구조의 입력으로 사용한다.
2) Counter Value의 값이 9를 넘을 경우 다시 0으로 되도록 프로그래밍 한다.

13
CHAPTER

myRIO를 이용한 포토인터럽트 실습

학습목표 및 내용

- 포토 인터럽터의 사용법을 익히기
- 프런트 패널에서 포토 인터럽터의 횟수를 리셋하기
- 포토 인터럽터의 횟수의 리셋을 푸시버튼으로 하기

➤ 13.1 myRIO와 포토인터럽트의 연결

(1) 학습 목표 및 기본 Task

포토 인터럽터는 투과형 포토 센서라고도 하며, 발광 소자와 수광 소자를 1개의 패키지에 서로 마주보게 배열하여, 그 사이로 검출 물체가 빛을 차단함으로써 검출 기능을 발휘하는 제품이다. 본 실험에서는 포토 인터럽터의 사용법을 익히는 데 있다.

(2) 필요한 부품

포토 인터럽터, 470Ω 저항, 브레드 보드, 점퍼 와이어

(3) 회로도 및 핀 배정

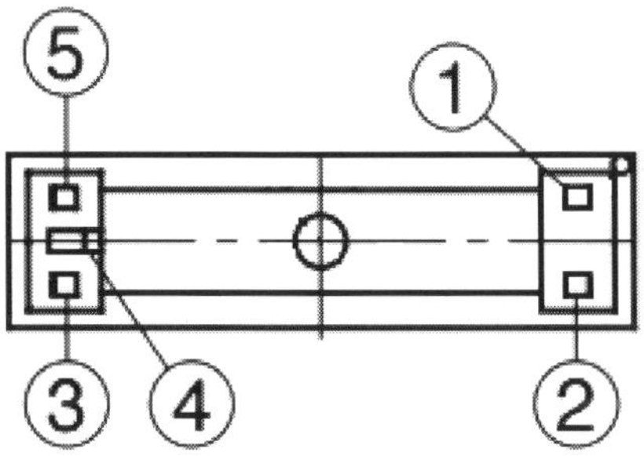

① Anode
② Cathode
③ V_{CC}
④ V_O
⑤ GND

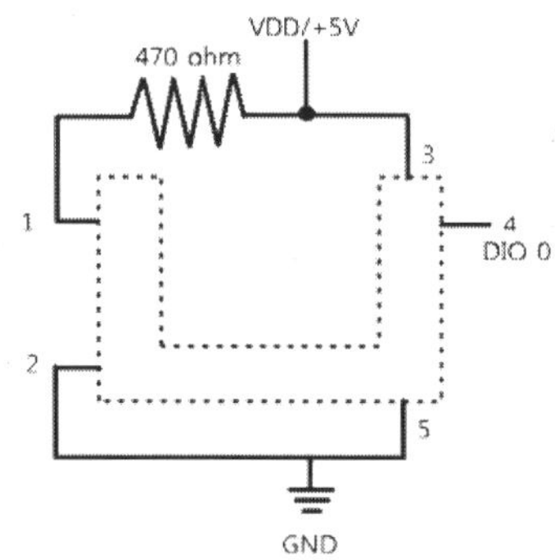

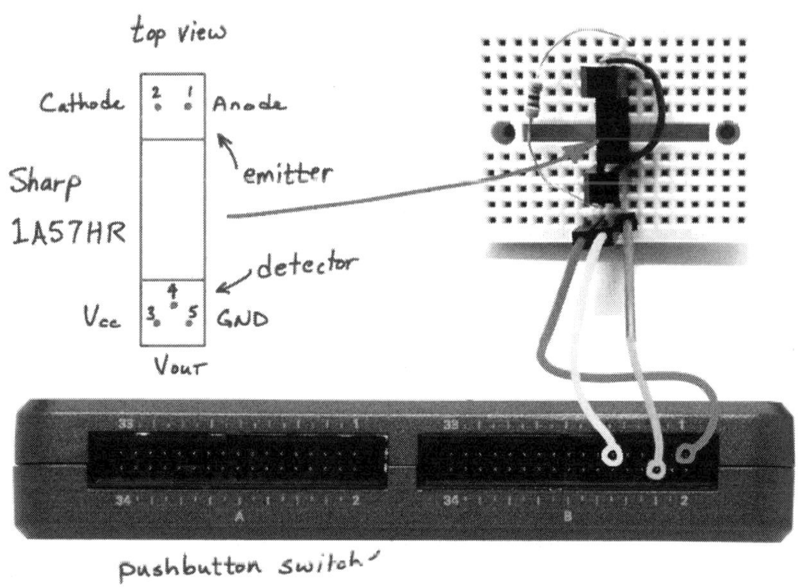

➤ 13.2 포토인터럽트를 활용한 프로그래밍

① LabVIEW를 실행하고 프로젝트를 생성한다.

② Main.vi를 다음과 같이 수정한다.

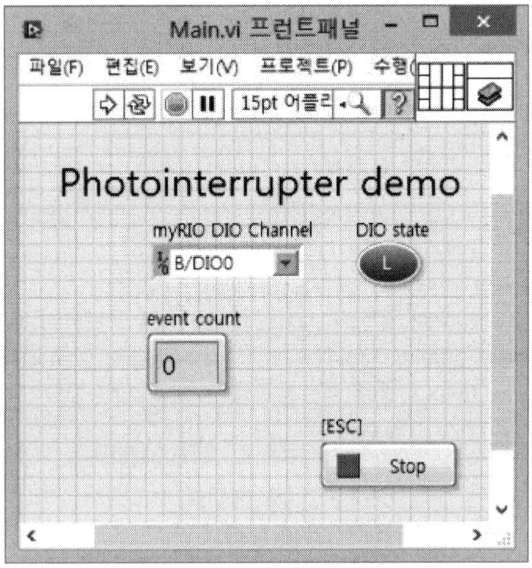

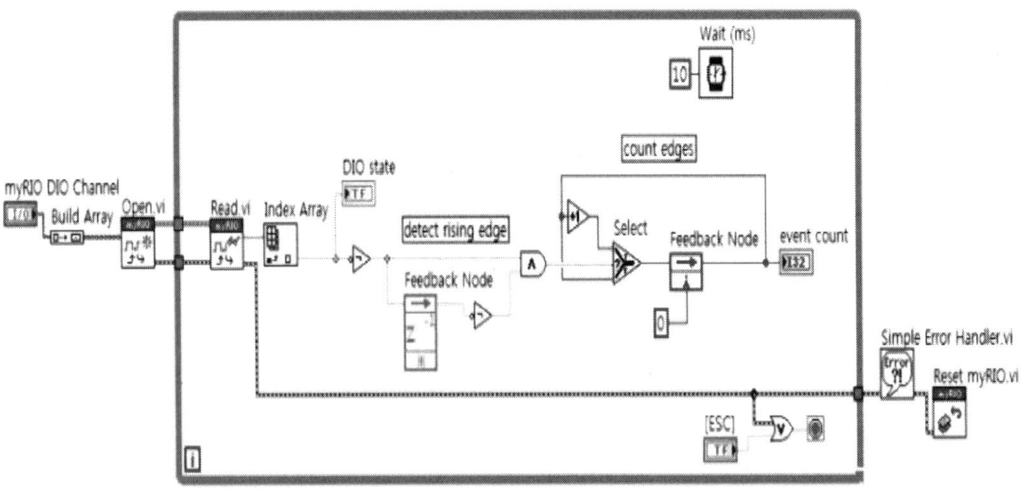

③ 포터 인터럽터 사이에 빛을 차단시키면서 카운터가 변하는 것을 확인한다.

【실습문제 13】

13.1. 프런트 패널에서 포토 인터럽터의 횟수를 리셋하기

1) 리셋 버튼을 프런트 패널에 만든다
2) 리셋에 의한 카운터가 0이 되는 부분을 count edges의 feedback node 앞에 프로그래밍 한다.
3) 결과를 확인 한다.

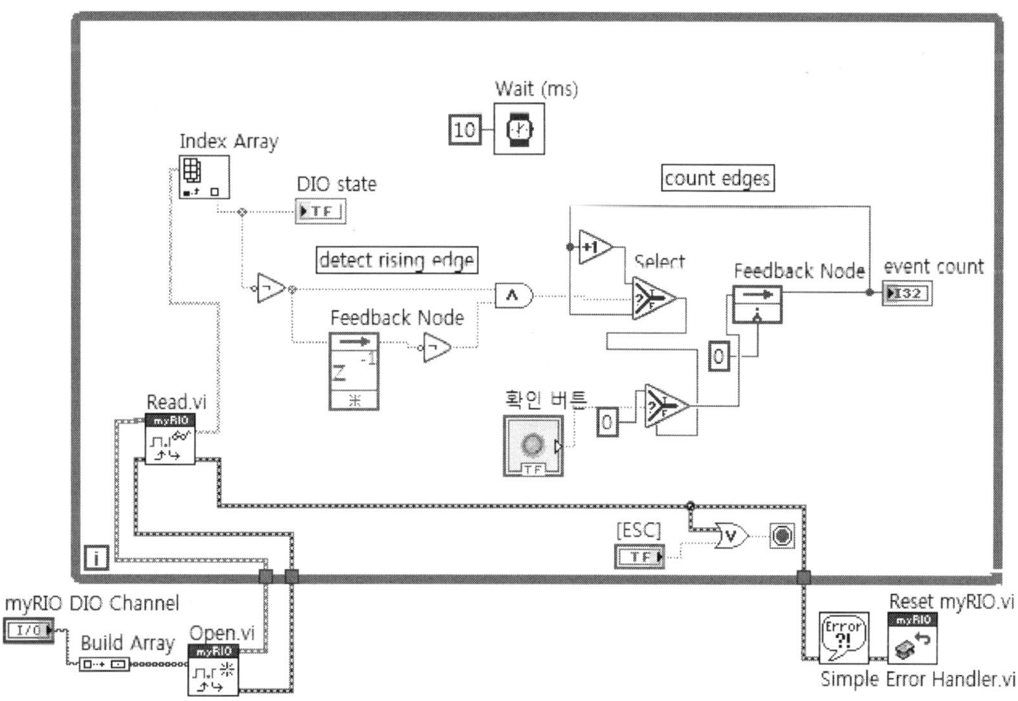

13.2. 포토 인터럽터의 횟수의 리셋을 푸시버튼으로 하기

1) 위에서 리셋버튼이 한 일을 푸시 버튼에 의한 Digital Input으로 바꾼다.
2) 결과를 확인한다.

14

CHAPTER

아날로그 입력 및 출력

학습목표 및 내용

- 적외선 거리감지 센서의 이해
- myRIO를 이용한 거리측정 방법
- 아날로그 거리측정 센서의 활용방법

➤ 14.1 적외선 거리감지 센서

LabVIEW 프로그램으로 PSD를 측정하기 위해서 적외선 거리감지 센서를 이용하여 측정해 보자.

- 센서이름 : GP2Y0A21YK0F
- 사용용도 : 위치검출 및 거리측정
- 측정거리 : 10~80cm

적외선 센서의 연결은 다음과 같이 한다.

- 노란선: 1번 → AI0+
- 검은선: 2번 → GND, AI0- → GND
- 붉은선: 3번 → 5V

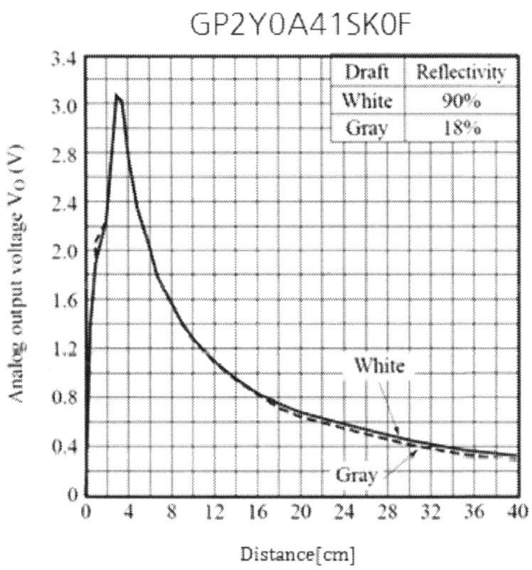

Parameter	Rating
Supply Voltage	5 VDC
Supply Current	30 mA
Measuring Range	3~30cm
Measuring Period	38.3ms
Output Voltage	0.25~2.55V

LabVIEW에서 사용할 수 있는 함수는 AI 입력의 설정은 다음과 같다.

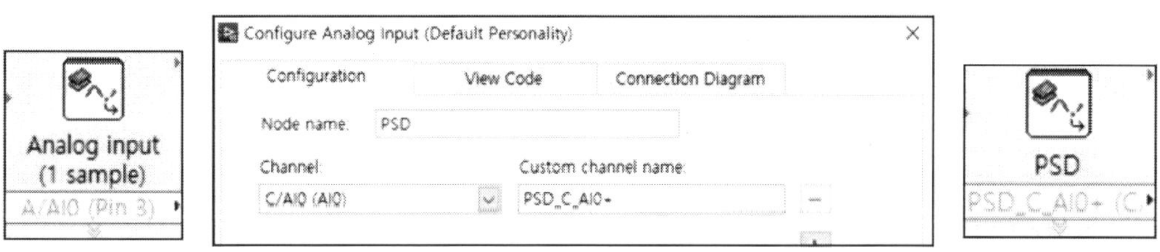

➤ 14.2 거리 측정 LabVIEW 프로그램

적외선 거리감지 센서를 이용하기 위한 LabVIEW 프로그램은 다음과 같다.

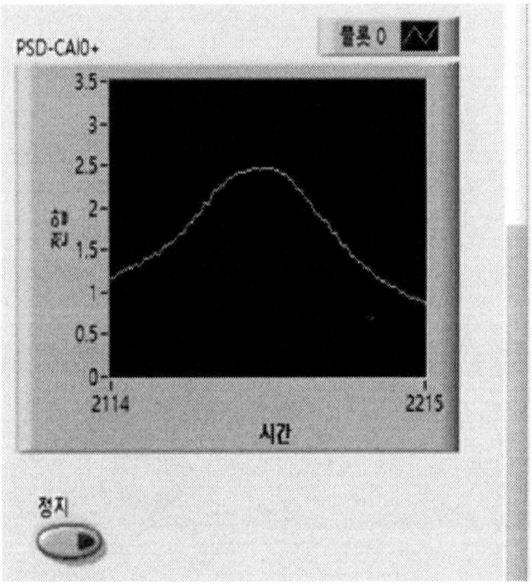

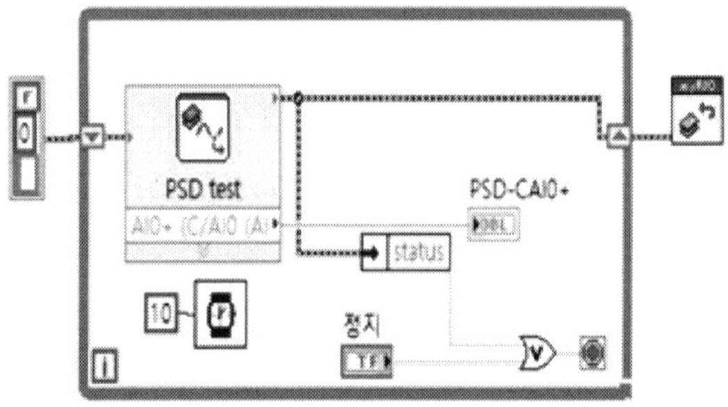

위 프런트패널에서 웨이프폼 차트는 다음과 같이 설정한다.

[프런트패널] → [웨이프폼차트] → [프로퍼티] → [스케일] → [전압(Y축)] → [오토스케일 해제] → [최대값 3.5]

스플라인 보간함수를 이용하여 거리를 측정하는 LabVIEW 프로그램은 다음과 같다.

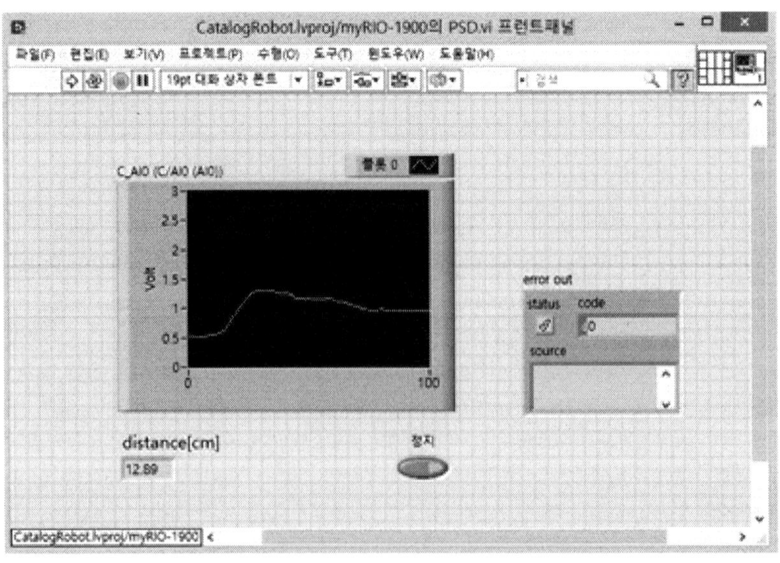

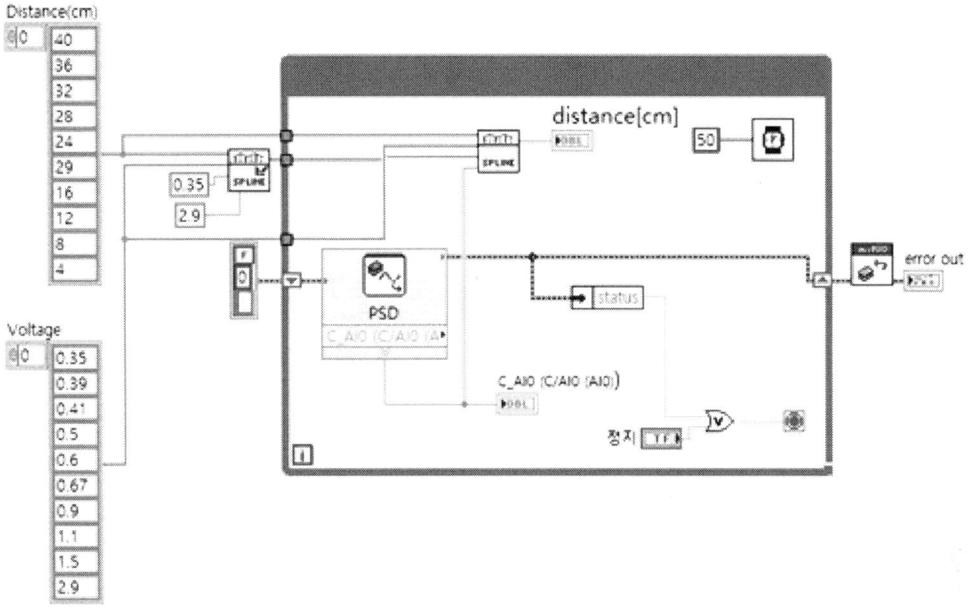

스플라인보간을 이용해 PDS 센서의 출력전압으로 거리를 측정하기 위해서, Function 팔레트에서 [Mathematics]->[Interp & Extr..]->[스플라인보간]을 선택한다. 초기 경계는 0.35, 최종경계는 2.9로 입력하고, 프로그램 종료시 “Reset myRIO” 실행한다.

➤ 14.3 myRIO의 PWM 제어

myRIO의 PWM 제어를 수행하기 위한 LabVIEW 프로그램을 작성해 보자. 모터 드라이버의 입력이 /PWM 이므로 Duty Cycle 값이 작을수록 모터의 속도는 빨라진다. 이를 위한 LabVIEW 프로그램은 다음과 같다.

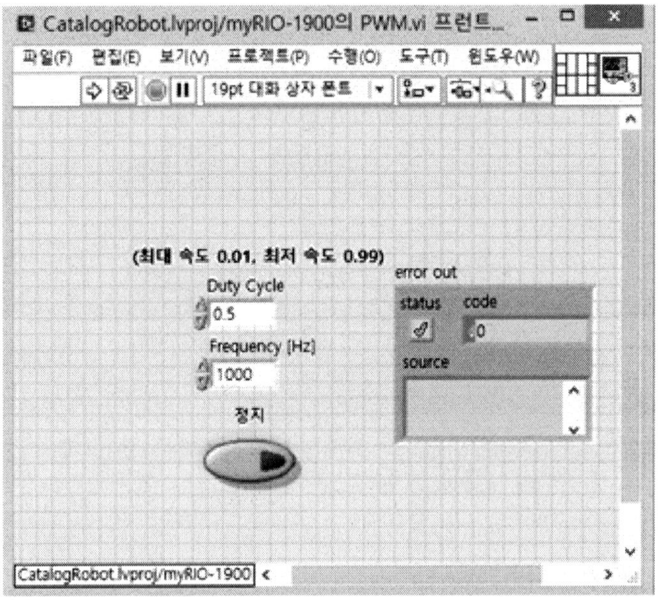

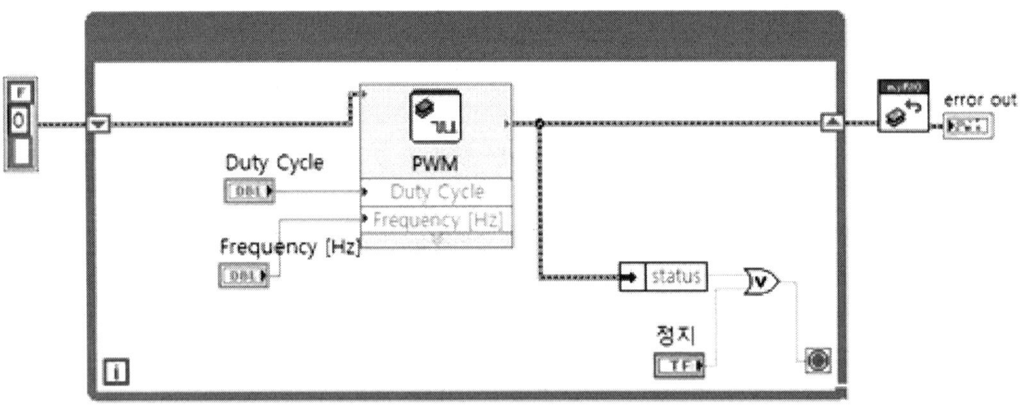

myRIO 엔코더는 최대 100 kHz의 쿼드로터 엔코더 신호를 읽을 수 있다.

- E4P-360: 쿼드로터, 1440 Pulse Per Revolution
- 쿼드로터 엔코더 신호: A, B 펄스의 위상이 90도 차이

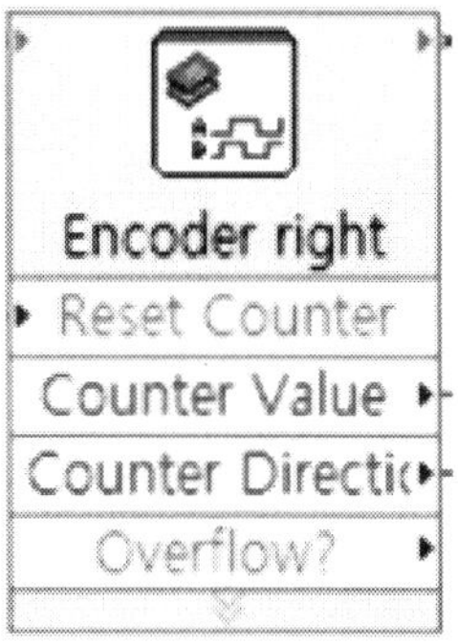

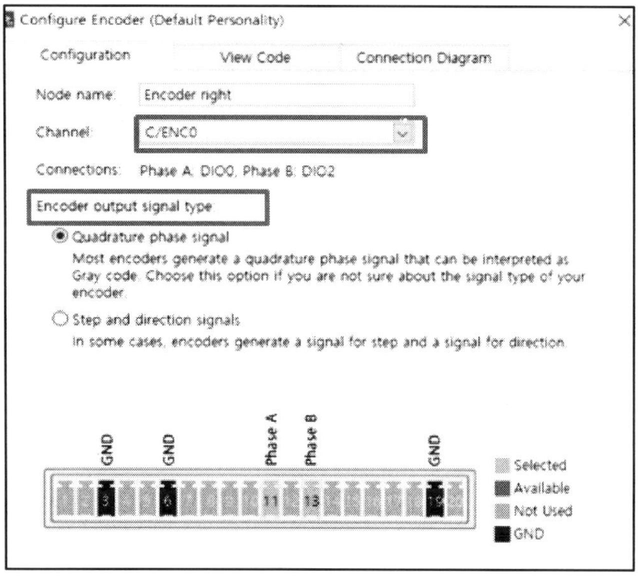

엔코더를 연결하면 MSP Connector C는 2개의 엔코더 신호를 입력 받을 수 있다.

- 파랑: Pulse A (DIO0-Right, DIO4-Left)
- 노랑: Pulse B (DIO2-Right, DIO6-Left)
- 빨강: GND
- 검정: 5V

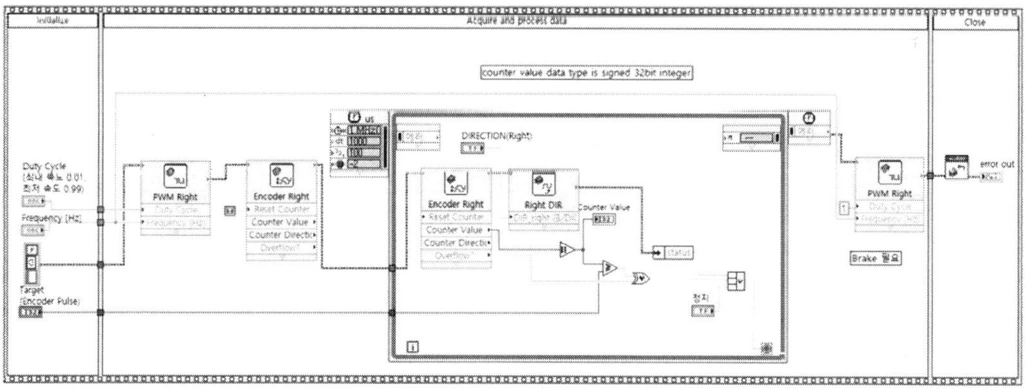

Timed Loop를 이용하여 일정한 주기마다 엔코더 값을 확인 하고, 모터의 방향을 바꾸기 위해서는 "DIRECTION" 을 On, Off 한다(모터드라이버 지원). 엔코더 값을 읽기 전에 Reset Counter를 True로 만들어 초기화 하고, 엔코더 카운터가 최대값을 초과하면 Overflow가 발생한다.

LabVIEW 블록다이어그램에서 PWM 함수와 엔코더 함수를 활용하는 방법을 확대하면 확인해 보자.

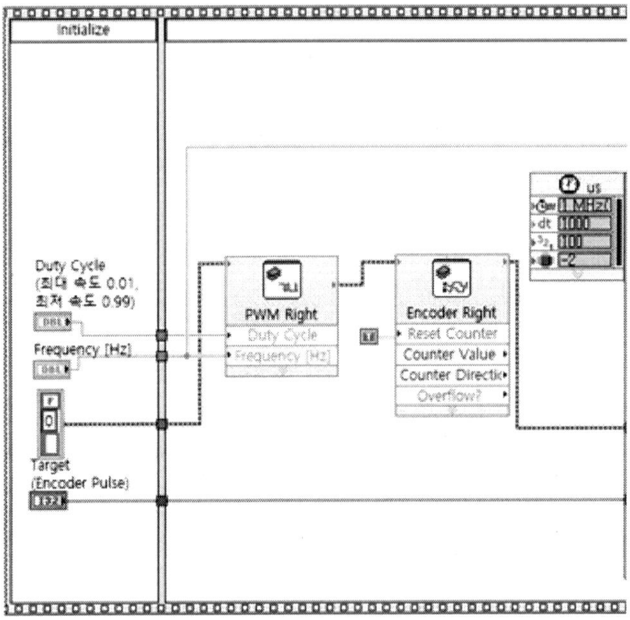

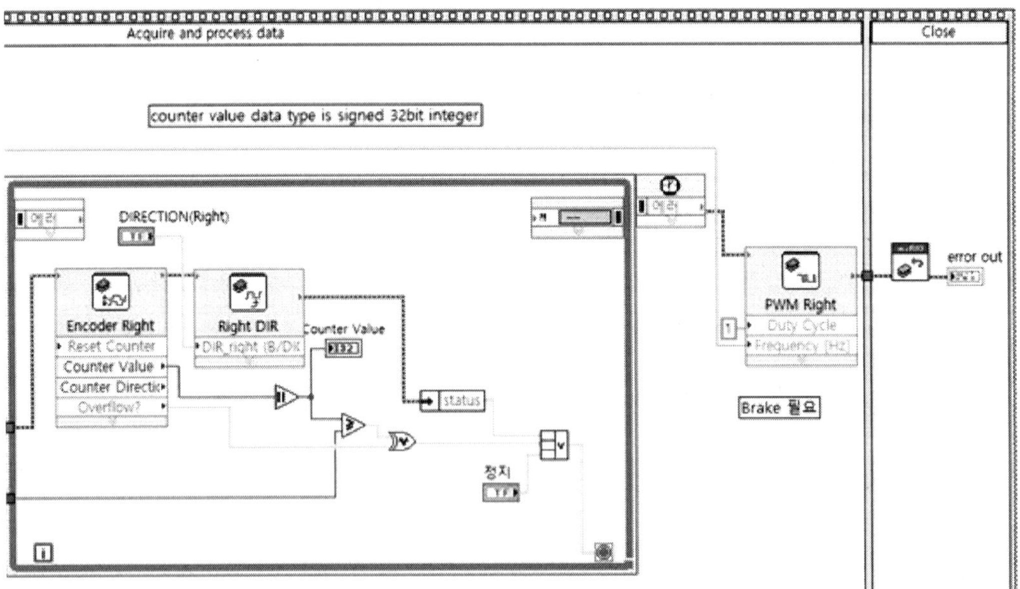

➤ 14.4 myRIO 비전의 활용[1)]

myRIO의 비전을 활용하기 위해서 myRIO USB 포트에 WebCam을 연결하고 NI Vision Development Module을 설치해야 한다. Vision Acquisition에서 카메라로 부터 영상을 획득하는 방법을 결정하고, Vision Assistant에서 영상을 처리 및 분석한다. 여기에 사용하는 함수는 다음과 같다.

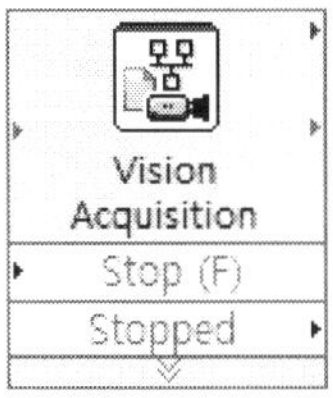

Vision Acquisition Express 함수
- 카메라 선택, 영상 획득 방법, 해상도 및 프레임 수,
- 카메라 컨트롤 (Brightness, Contrast, Gain, Exposure...)

Vision Assistant Express 함수
- 필터, 파티클분석, 패턴매칭, 오브젝트 추적, 에지디텍트,
- 거리계산, 바코드분석, OCR문자 분석등…

빨간색 공의 에지를 측정하기 위한 프로그램은 다음과 같이 구성한다.
- 화면에 표시된 영상/측정값은 PC 모니터링 용도, 영상획득/처리는 myRIO에서 수행
- 320x240 해상도 이미지 획득
- 영상의 X축에 위치하는 빨간색 공의 좌/우 에지의 경계 값을 계산

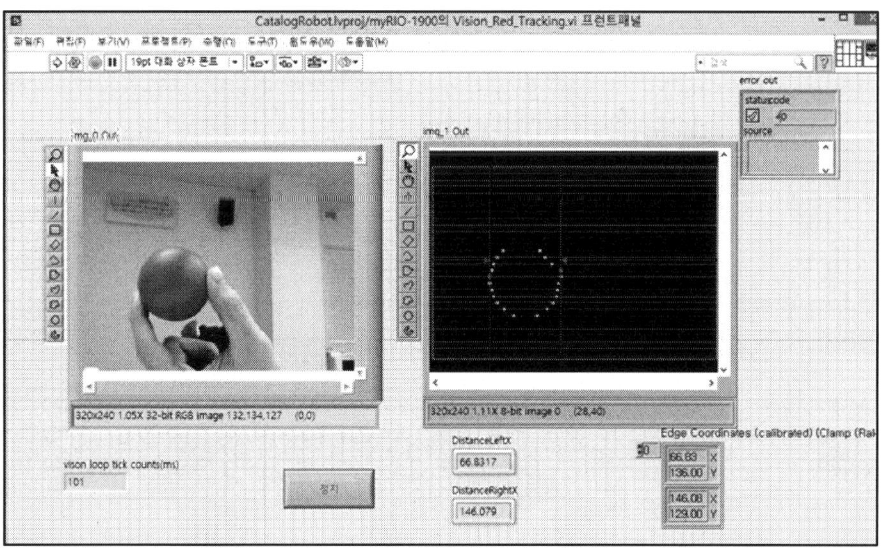

---

1) 로보웰코리아 교육자료

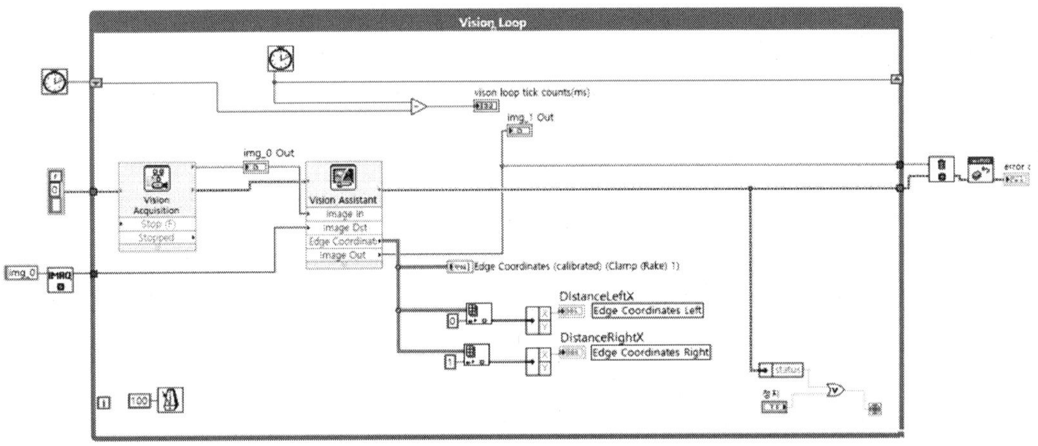

[Functions]→[비전과 모션] → [Vision Utilities] →[Image Management)에서 IMAQ Create 함수는- 이미지 버퍼 할당을 위해 사용하고, IMAQ Dispose 함수는 이미지 버퍼의 해제를 위해 사용한다. 자세히 보기위해 확대하면 다음과 같다.

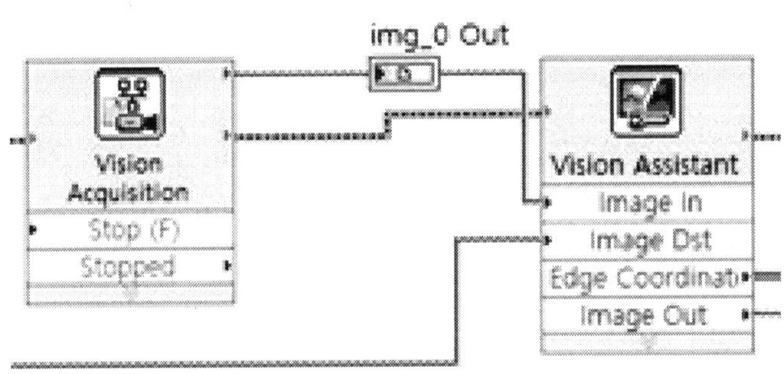

Vision Acquisition Express 함수를 마우스로 더블클릭하고, Vision Acquisition 설정에서 Continuous Acquisition with inline Processing 을 선택한다. 카메라 또는 저장되어 있는 이미지를 선택할 수 있다.

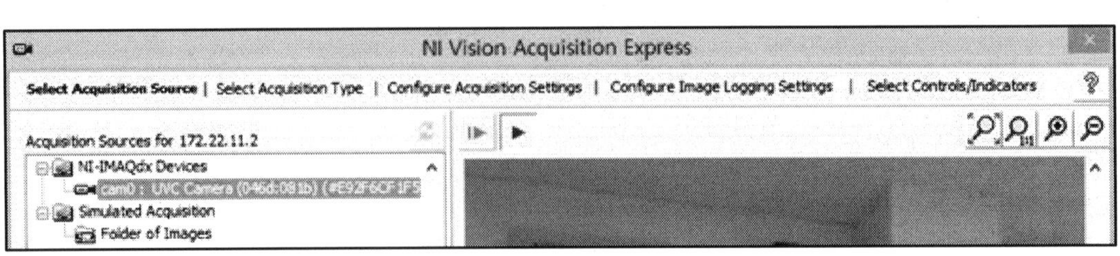

Vision Assistant Express 함수를 마우스로 더블클릭하여 세부 사항들을 설정한다. 먼저, Processing Function에서 기능을 클릭하고 옵션을 바꾼 후 “OK” 를 누르면

화면 하단의 Script 영역에 추가 된다. Vision Assistant 화면 좌측 상단의 테스트 이미지(연산을 위한 기본 이미지)를 카메라로부터 가져오기 위해서는 Vision Aquisition을 더블클릭, Test , Stop, Finish 버튼을 눌러 이미지를 가져온다.

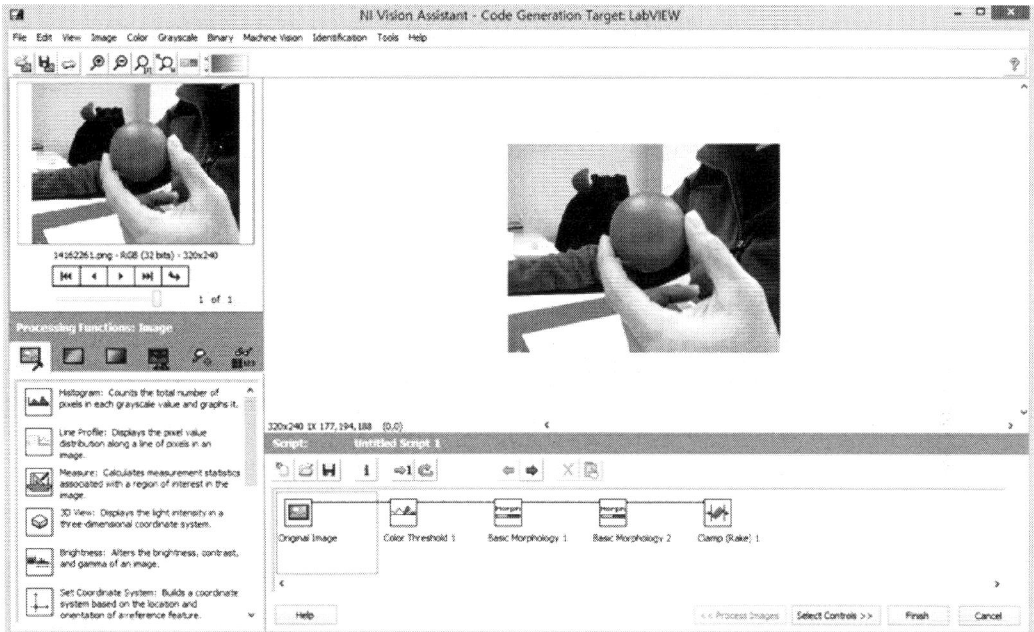

Processing Function에서 Color Threshold 를 클릭하여 RGB 경계 영역을 설정한다.

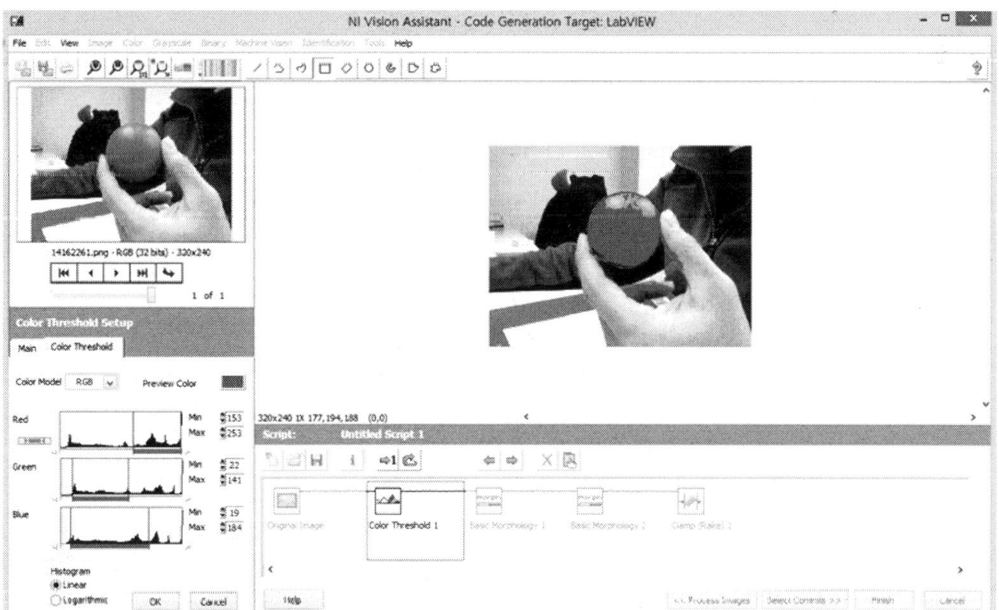

Processing Function에서 Basic Morphology를 클릭하여 Erode(침식)연산을 수행하여 작은 빨간색 픽셀을 제거한다.

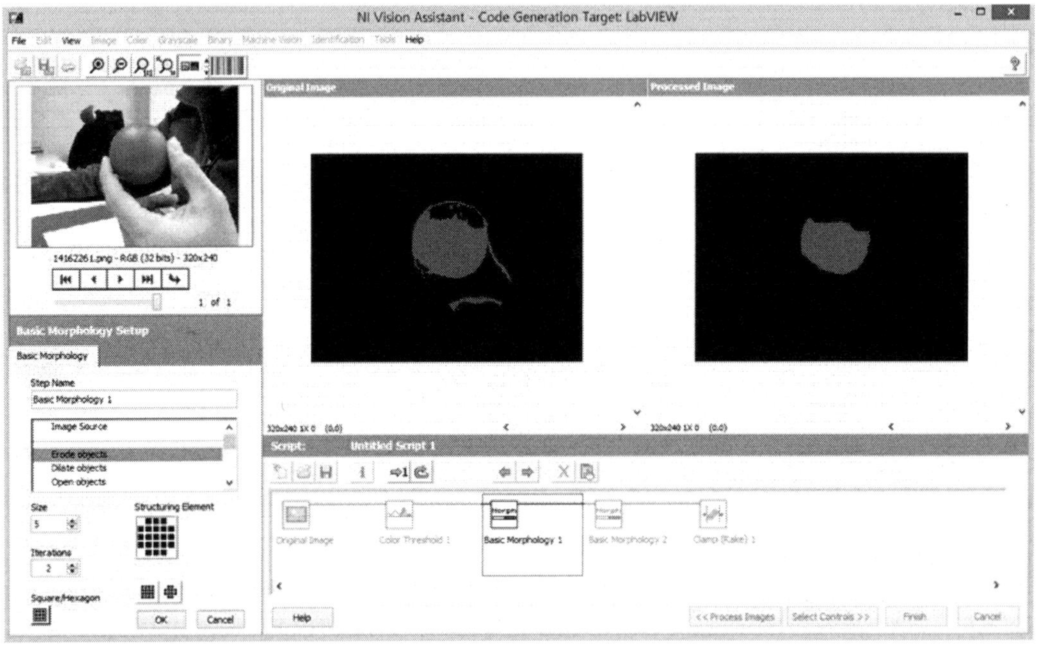

Processing Function에서 Clamp Setup을 클릭하여 ROI(Region Of Interest)를 설정하고, Gap을 오브젝트의 모양에 따라 적절한 값으로 설정한다.

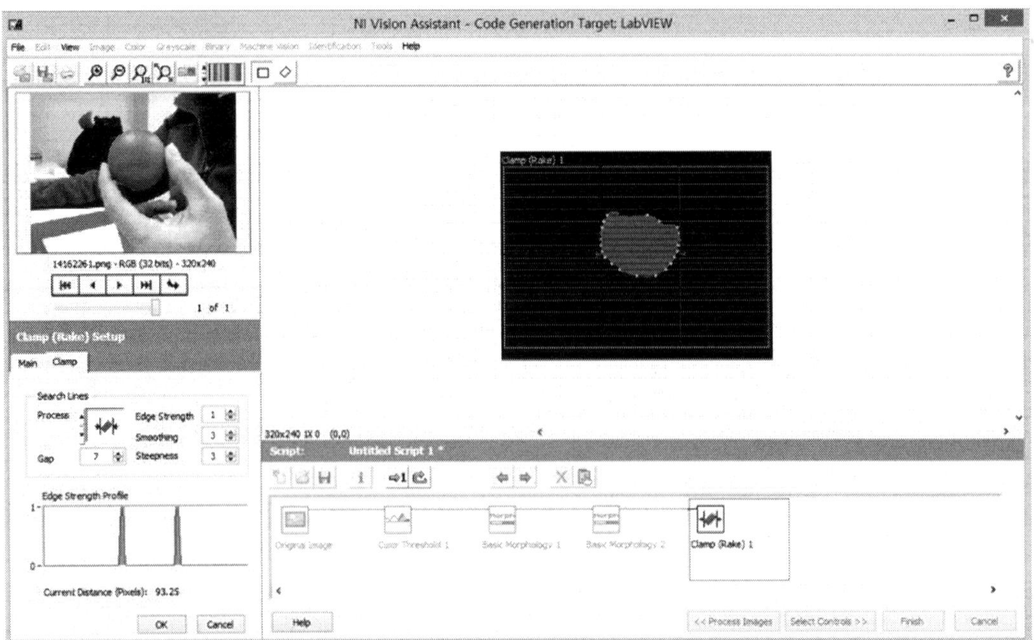

공의 에지 추출 및 모터 컨트롤을 위해서 영상의 X축에 위치하는 빨간색 공의 좌/우 에지의 경계 값을 계산하고, 공이 영상의 가운데 위치하도록 모터를 회전한다.

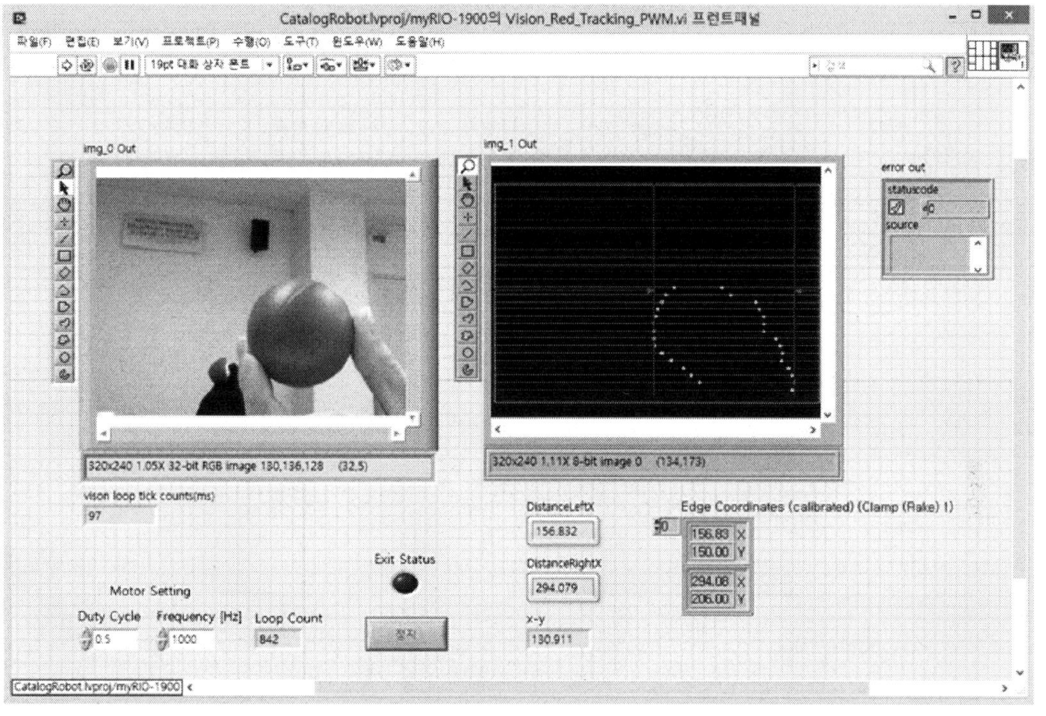

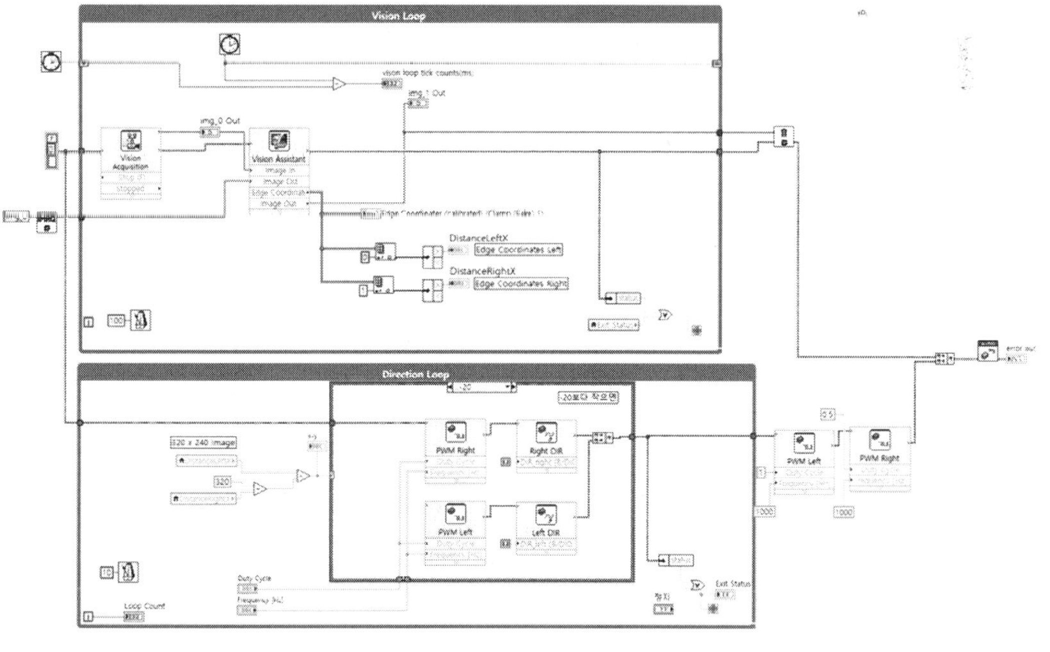

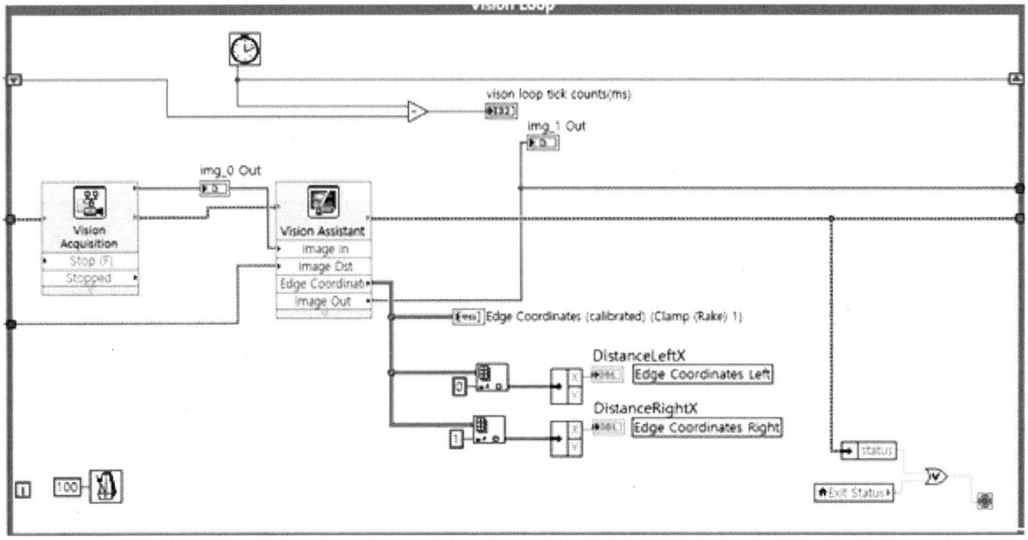

DIO를 이용하여 모터의 방향을 바꿈기 위한 블록다이어그램은 다음과 같다.
(Right DIR., Left DIR.)

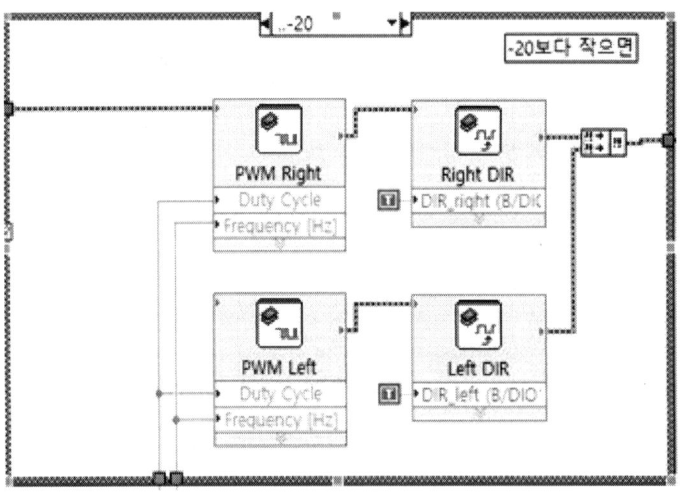

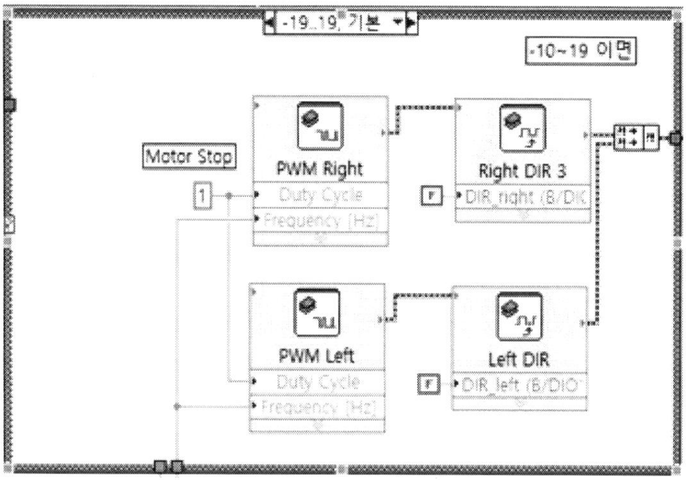
-19..19, 기본
-10~19 이면
Motor Stop
1
PWM Right
Duty Cycle
Frequency (Hz)
Right DIR 3
F
DIR_right (B/DIC
PWM Left
Duty Cycle
Frequency (Hz)
Left DIR
F
DIR_left (B/DIO

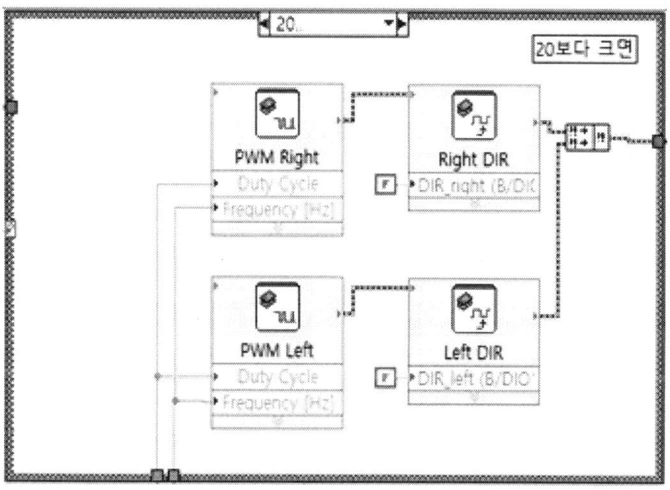
20..
20보다 크면
PWM Right
Duty Cycle
Frequency (Hz)
Right DIR
F
DIR_right (B/DIC
PWM Left
Duty Cycle
Frequency (Hz)
Left DIR
F
DIR_left (B/DIO

15
CHAPTER

myRIO를 이용한 포토공정 구현

학습목표 및 내용

- 반도체 포토공정의 시스템 구성하는 방법
- myRIO를 포토공정과 연결하는 방법
- 전체 시스템을 효과적으로 제어하는 방법

➤ 15.1 반도체 포토공정의 시스템 구성

미래 산업에 필수적인 반도체와 컴퓨터 업계의 동향에 따라 자동화 분야 또한 필수적인 요소로 발전하였다. 따라서 반도체공정 중 포토부분을 연구하였고, S/W를 통하여 공정을 구현하고자 하였다. 이를 위해 National Instrument사의 myRIO를 H/W로 사용하여 LabVIEW를 사용한다.

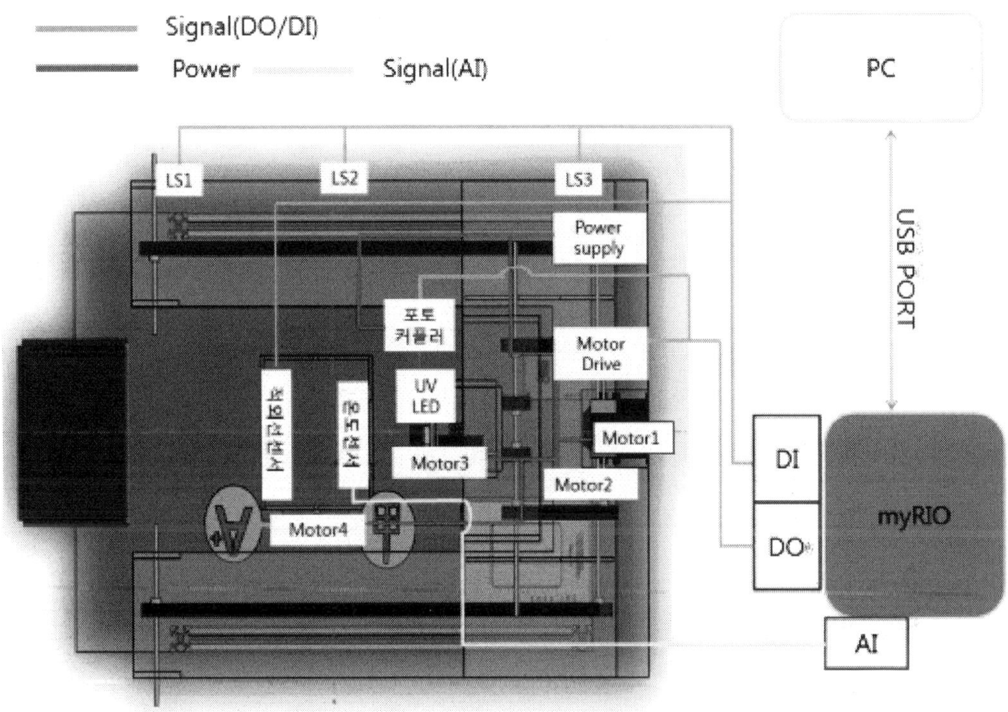

그림 15.1 시스템 구성도

본 프로젝트에서는 단순히 웨이퍼를 이송하는 것이 아니라 각종 센서로 웨이퍼을 이송 및 인식, UV LED의 자외선을 통해 감광지를 붙인 모형웨이퍼 위에 마스크 패턴을 전사하여 복사하고 포토공정 중의 온도를 측정하여 측정결과를 PC에서 LabVIEW를 통해 모니터링 하고, 그 결과를 Microsoft Excel로 출력한다. 제어기로는 myRIO를 사용하고 4개의 DC모터를 이용하여 전체적인 구동, 회전, 위치등 을 제어하고 작업이 실시되는 위치에 따라 위치를 Display 해주는 LED의 점등을 제어한다.

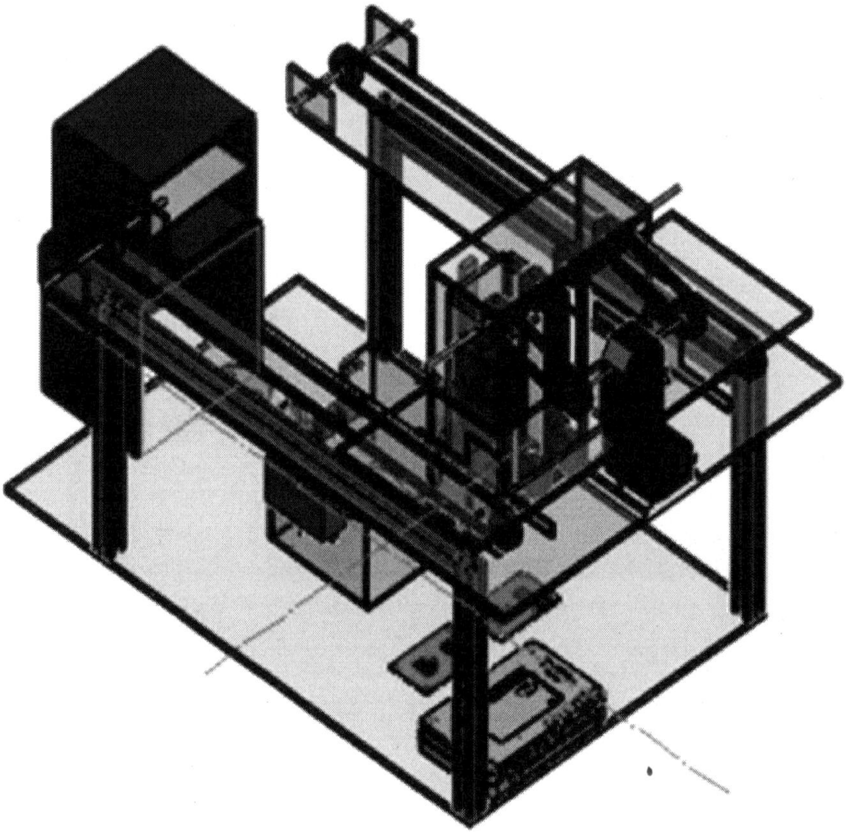

그림 15.2. 전체 시스템의 외형 도면

➤ 15.2 LabVIEW 모니터링 구성

15.2.1 LabVIEW 프런트 패널

LabVIEW의 프런트 패널을 통하여 자동/수동 제어등을 결정하고 웨이퍼의 위치, 이동 경로, UV LED, 각종 센서값과 작업내역을 실시간으로 사용자가 확인할 수 있도록 작성한다. 사용자는 작업장과는 멀리 떨어진 환경에서 관리 프로그램 화면을 통하여 동작을 설정하거나 모니터링 할 수 있다.

15.2.2 LabVIEW 모니터링 화면 구성

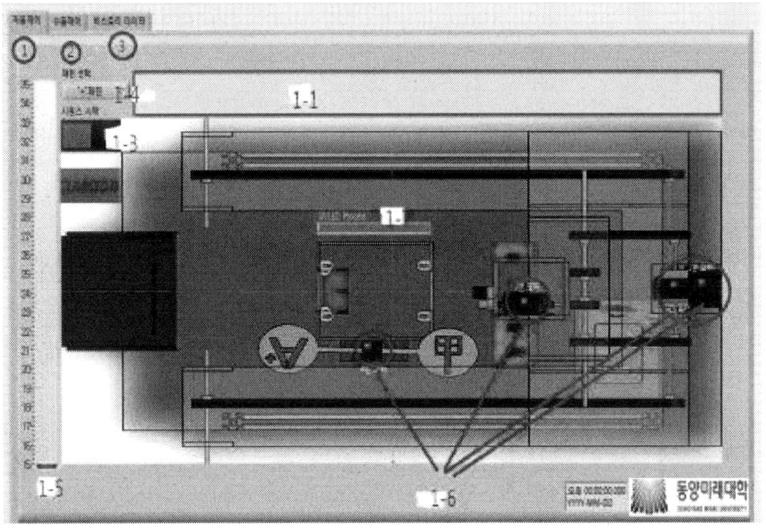

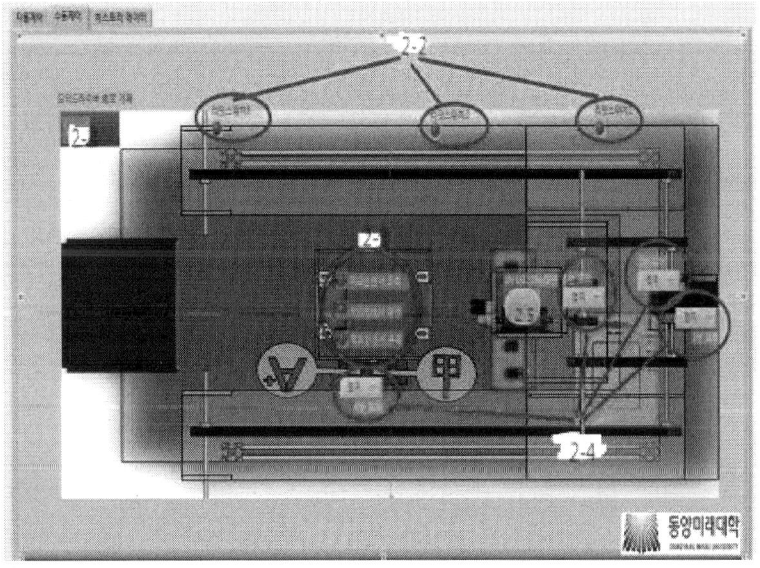

그림 15.3. LabVIEW 프런트패널 화면

그림 15.3은 LabVIEW 프런트패널 화면을 나타낸 것이다. 사용자는 필요한 값을 설정할 수 있고, 원하는 동작을 시킬 수 있다. 처리된 결과를 표시한다. 화면의 각 부분의 기능을 살펴보면 다음과 같다.

① **자동제어 창**

사용자가 설정한 대로 기구의 자동제어를 시작하고 실시간 모니터링을 할 수 있는 창이다.

①-1 **현재 작업내역 확인 창**

현재 작업상황(몇 번 모터가 움직이는지, 웨이퍼 정상유무, 등)을 텍스트로 보여준다.

①-3 **자동제어 시작버튼**

해당 버튼을 클릭하면 자동제어가 시작한다. 다시 클릭하면 설비의 동작 상태와 상관없이 멈춘다.

①-4 **패턴선택**

감광지를 붙인 모형 웨이퍼에 입힐 패턴을 '+', '–' 중 택일하여 선택할 수 있다.

①-5 **온도계**

현재 온도를 실시간으로 표현한다. 온도가 28도를 넘기면 설비가 비상정지 한다.

①-6 모터 구동 LED

해당 위치의 모터가 구동하면 LED가 ON 된다.

①-7 UVLED 진행 바

UVLED가 켜지면 진행 바가 채워지며 다 채워지면 UVLED가 꺼진다.

② 수동제어 창

간단한 몇 가지 클릭으로 시스템을 수동제어 할 수 있으며, 이를 통해 부품의 고장유무나 위치 조정을 할 수 있다. 1-3의 시퀀스 작동버튼이 켜져 있을 때는 해당 창의 모든 기능이 동작하지 않는다.

②-1 모터드라이브 회로 계패

클릭하며 모터 드라이브의 회로에 enable신호가 들어간다. 그렇지 않으면 모터구동이 되지 않는다.

②-2 리밋 스위치 LED

리밋 스위치가 동작하면 LED의 상태가 변화한다.

②-3 적외선 센서 LED

적외선 센서가 물체를 감지하면 LED의 상태가 변화한다.

②-4 모터 제어 창

각 모터의 정지, 정회전, 역회전을 원클릭으로 제어 할 수 있다.

②-5 UVLED제어 창

원클릭으로 UVLED를 제어할 수 있다.

③ 히스토리 데이터

실시간으로 변화하는 각종 데이터가 축적된다.

③-1 시간/날짜

현재시간을 표시한다.

③-2 웨이트폼 차트

시간에 따른 온도 변화를 측정하여 그 데이터가 축적된다.

③-3 웨이트폼 데이퍼 엑셀 반출

버튼을 클릭하면 웨이트폼 데이터를 엑셀로 받을 수 있다.

③-4 시퀀스 제어 작동 내역

1-1의 텍스트를 3-1의 시간데이터와 함께 저장한다. 즉 시간대별 동작 내역을 확인할 수 있다.

➤ 15.3 myRIO와 연결회로 구성

15.3.1 포토공정의 연결회로

① 메인 회로도

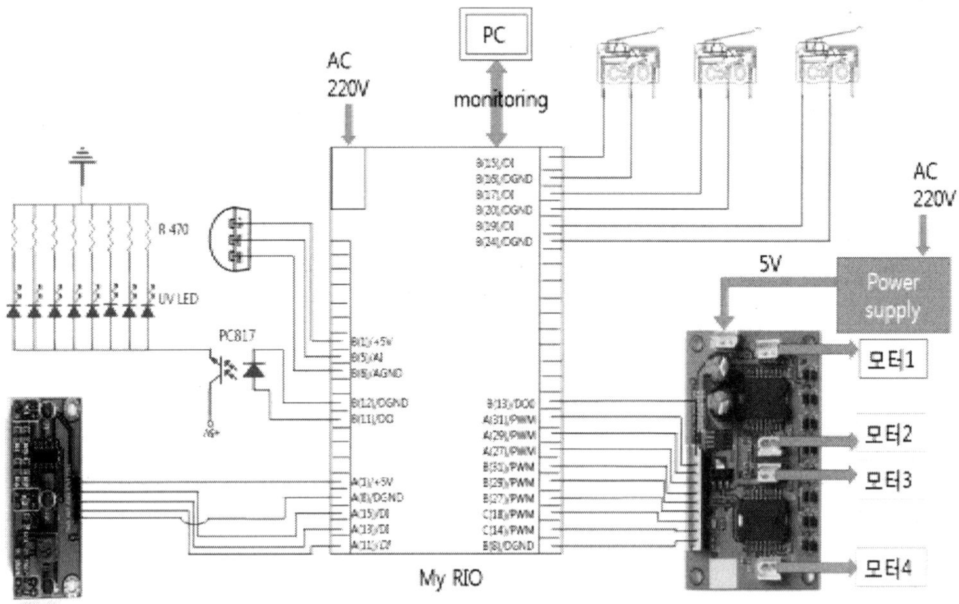

그림 15.4. 포토공정과 myRIO 연결

ni myRIO를 제어기로 사용한다. [그림 15.4]

② 모터 회로도

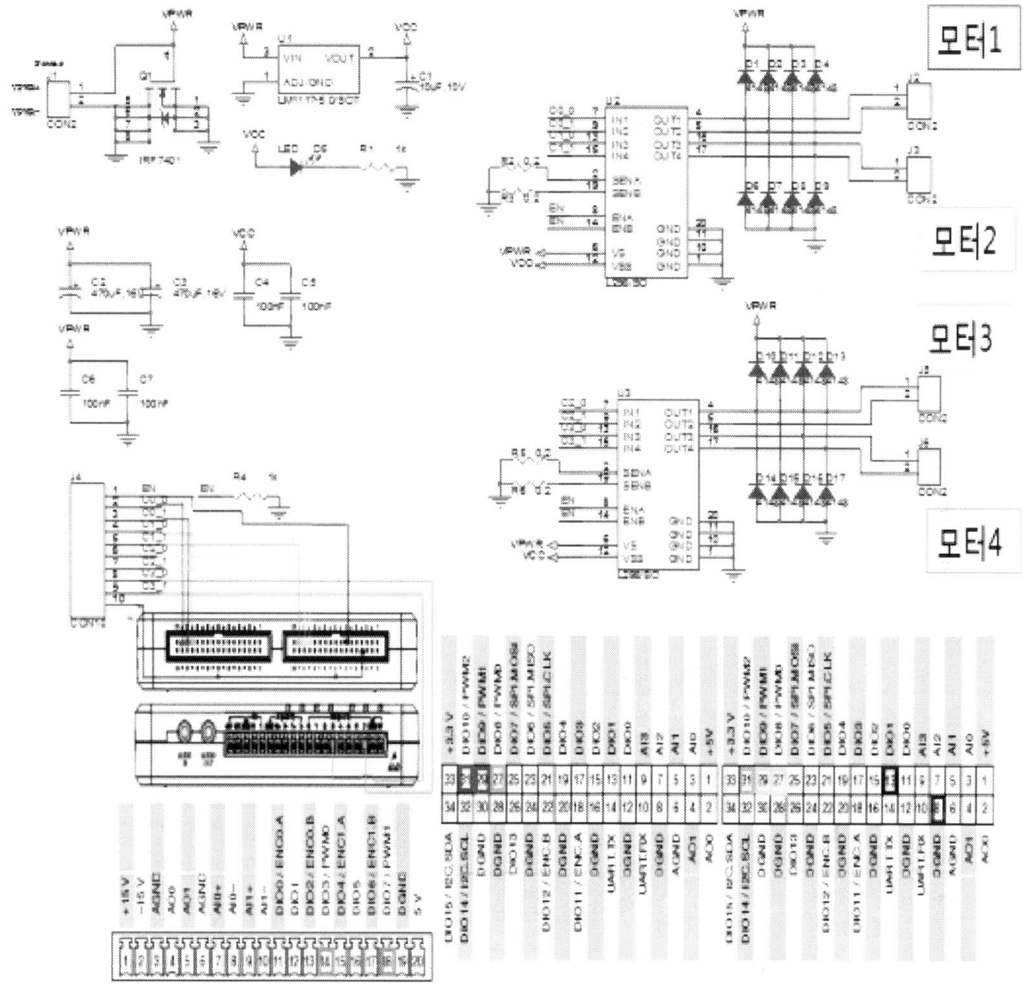

그림 15.5. myRIO와 모터의 연결회로

MD드라이버를 사용해서 4개의 DC모터를 제어한다. 단순히 on/off제어가 아닌 PWM를 이용한 속도제어가 가능하도록 구성 한다. 4개의 DC 모터를 구동하기 위해 8개의 PWM signal을 이용한다.

③ UV LED 회로도

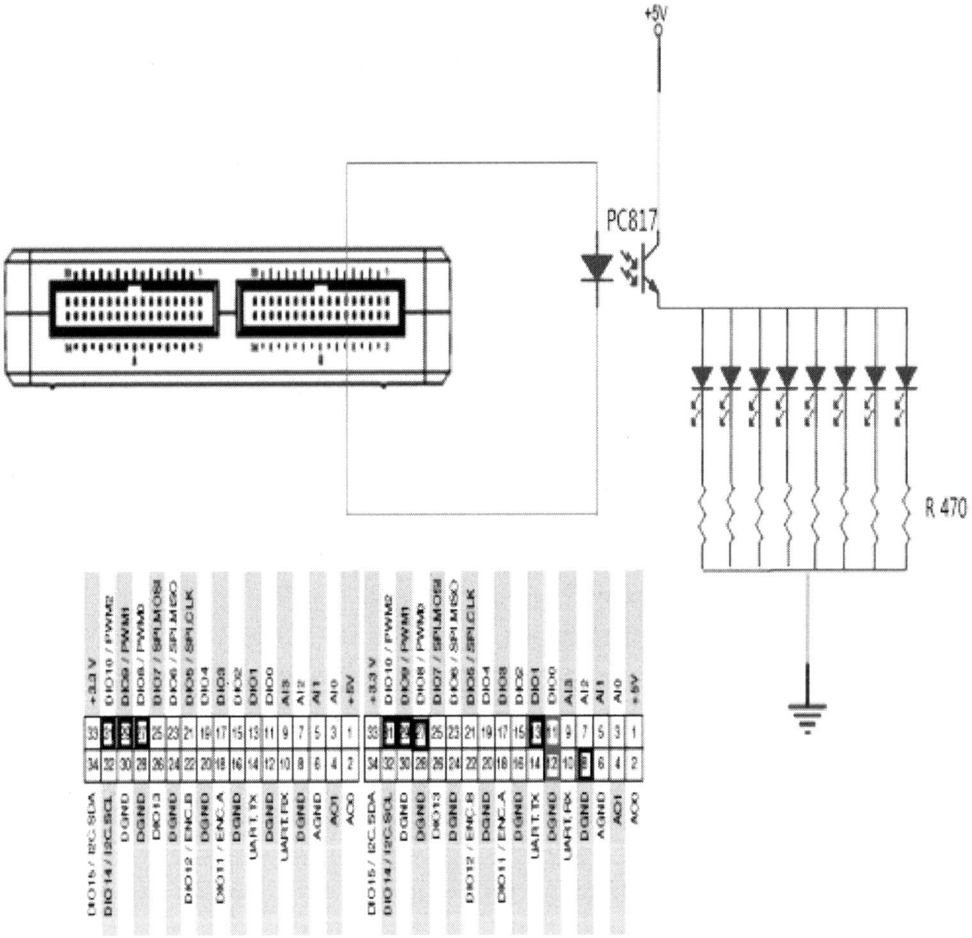

그림 15.6. UV LED 회로도

UV LED는 파워 서플라이에서 전압을 공급하고 포토 커플러와 myRIO를 통해서 on/off제어를 한다. 이를 통해서 myRIO의 신호와 파워 서플라이의 출력, GND를 분리한다 [그림 15.6]

④ 적외선 센서 회로도

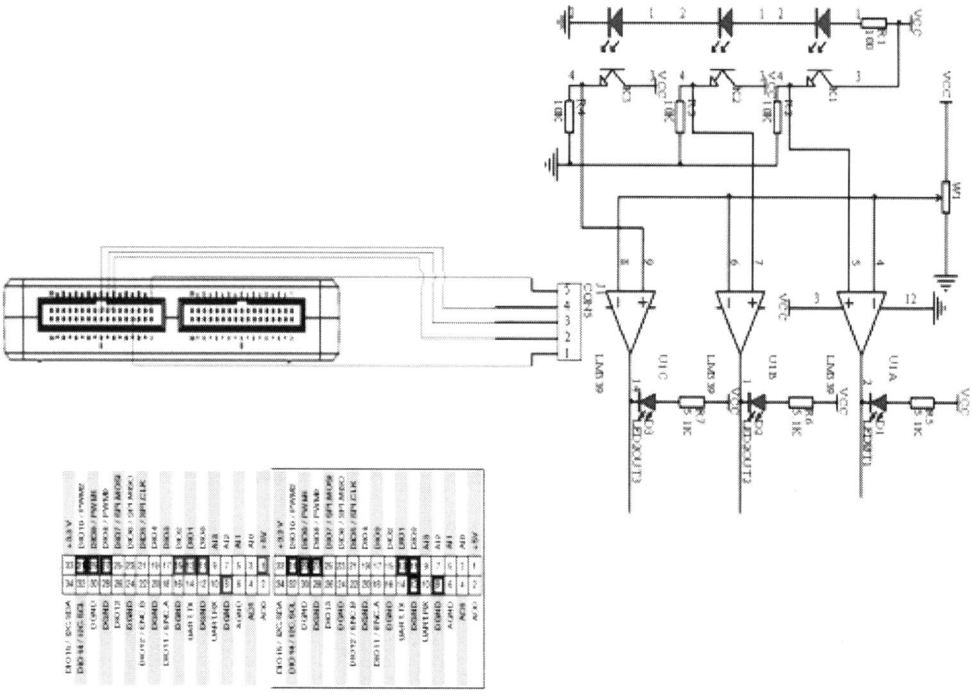

그림 15.7. 적외선 센서 회로도

⑤ 리밋 스위치 및 온도센서 회로도

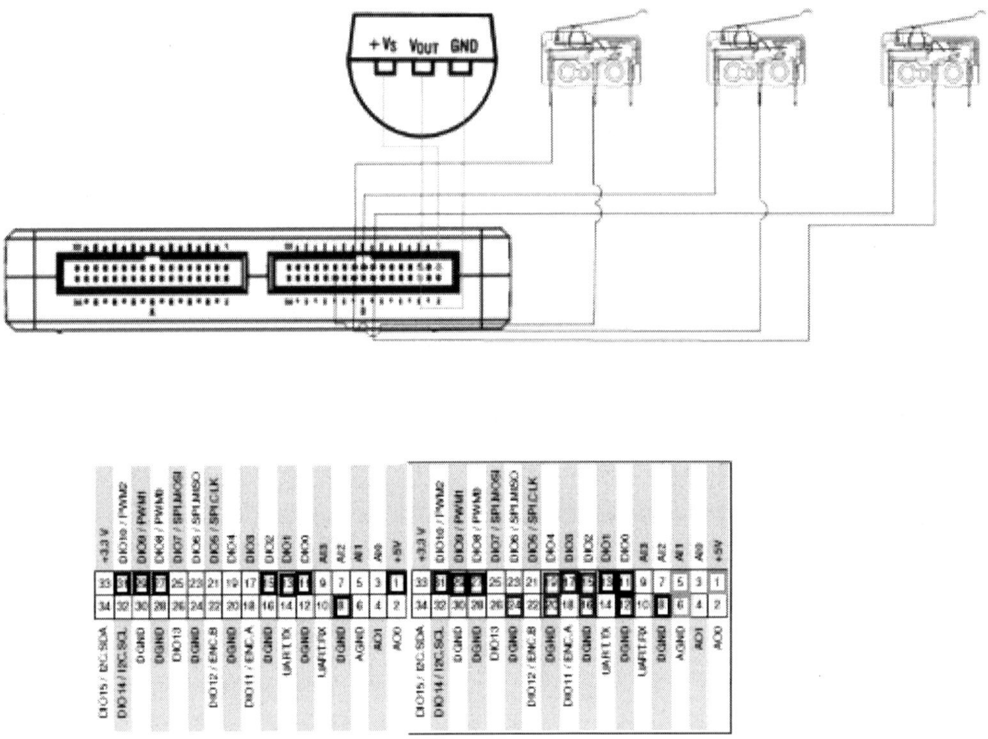

그림 15.8. 리밋스위치 및 온도센서 회로도

15.3.2 센서의 기능

① 적외선 방식 트래킹 센서

적외선 센서는 한진데이터에서 나오는 '적외선방식 트래킹 센서'를 이용한다. 3개의 DI신호를 받을 수 있으며, 이를 통해서 웨이퍼의 위치 검출과 감광지의 유무를 판별할 수 있다. 이를 위해 myRIO에서 별도의 +5V와 DGND, 3개의 Digital Input Port를 활용한다. [그림 15.7]

② 온도센서

온도센서는 AI 포트를 사용하며 10mV당 섭씨 1도의 일차곡선 그래프를 갖는다. 측정 범위는 0~100도 사이이며, 회로상으로는 별도의 on/off를 수행하지 않는다. [그림 15.8]

③ 리밋 스위치

리밋 스위치는 a접점을 이용하며 DI, GND포트에 각각 연결한다. 스위치가 눌리기 전에는 DI 포트의 0V 기준이 없어 신호가 항상 1을 나타낸다. 스위치가 눌리면 GND와 연결되므로 신호가 0이 된다. 이를 통해서 모터의 위치를 제어한다. [그림 15.8]

본 작품에서는 웨이퍼의 상태와 환경(온도), 그리고 사용자의 선택(자동, 수동, 패턴 선택)에 따라 다양한 작업을 수행 할 수 있는 반도체 포토공정을 구현할 수 있는 기구를 제작했다. 본 시스템은 향후 LabVIEW 프로그래밍을 통해 모니터링 시스템을 학습할 경우, 반도체 포토 공정을 원리를 학습할 때 중요하게 사용할 수 있을 것으로 기대된다. 본 작품은 2015년 캡스톤디자인 교과목에서 김병우, 노민진, 박윤수, 유규하 학생이 설계하고 제작하였다.

16
CHAPTER

myRIO를 이용한 웨이퍼 이송장치

16.1 반도체 웨이퍼 이송장치의 시스템 구성
16.2 웨이퍼 이송장치 및 포토공정의 모니터링
16.3 포토공정의 LabVIEW 프로그래밍
16.4 반도체 포토공정과 myRIO의 연결
16.5 완성된 포토공정 시스템

학습목표 및 내용

- 반도체 웨이퍼 이송장치 및 포토공정의 시스템 구성하는 방법
- myRIO를 웨이퍼 이송장치 및 포토공정과 연결하는 방법
- 전체 시스템을 효과적으로 제어하는 방법

➤ 16.1 반도체 웨이퍼 이송장치의 시스템 구성

실제 반도체 8대 공정에서 Etch, Metal, Clean, Ion Implant, Diffusion, Photo, CVD, CMP 공정이 이루어지게 된다. 위 공정에서 Etch(식각) 공정은 화학적 수단을 이용하여 웨이퍼 표면의 불필요한 물질을 선택적으로 제거하는 공정을 말하며, Metal (금속화) 공정은 물리적 공정의 화학 약품을 상용해서 웨이퍼 위에 전도성을 띄는 금속의 박막을 증착하는 공정을 말한다. Ion Implant(이온주입) 공정은 반도체의 전기적인 특성을 수정하기 위해 반도체 물질의 결정 구조 속으로 이온을 주입시키는 공정을 말하며, Diffusion(확산) 공정은 웨이퍼의 불순물을 확산 시키는 공정, Photo 공정은 웨이퍼에 포토 레지스트 물질과 빛을 이용하여 웨이퍼 표면에 회로 패턴을 형성하는 공정을 말하며, CVD 공정은 가스 혼합물의 화학적 반응을 통해 웨이퍼에 고체 박막을 증착하는 공정을 말하며 CMP 공정은 웨이퍼 표면을 평탄화 하는 공정을 말한다.

이 중 공정에서 특히 중요한 공정으로 손꼽히는 Photo 공정에서 노광장비를 사용하여 회로 패턴이 담긴 마스크에 빛을 통과시켜 웨이퍼에 회로를 그려 넣는 EXPOSE(노광) 공정을 실제 기구로 제작함으로써 PHOTO 공정의 EXPOSE(노광) 공정에 대한 이해를 높이기 위해 시스템 프로젝트의 과제로 선정하게 되었다.

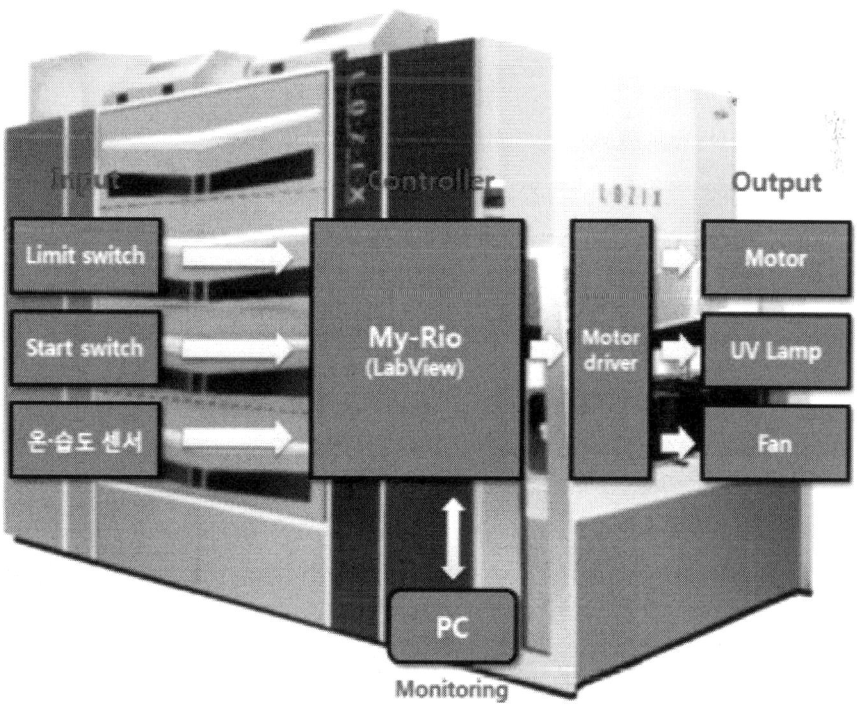

그림 16.1. 웨이퍼 이송장치의 시스템 구성도

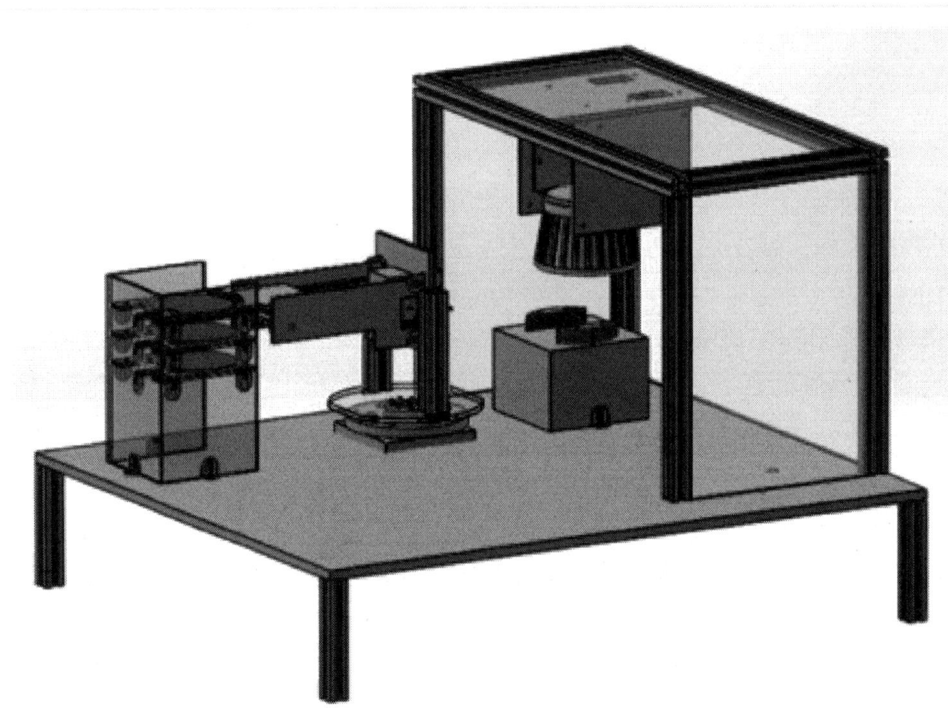

그림 16.2. 기구 외형도

기구의 동작은 타이머와 리밋 스위치 4개로 구성된 프로그램에 의해 동작을 하게 된다. 기구의 동작은 LabVIEW프로그램의 순서대로 동작하며, 챔버 내부에 있는 작업대에 웨이퍼를 놓은 후 UV램프가 작동하여 웨이퍼에 부착된 감광지의 색깔을 변화시키면 다시 FOUP에 웨이퍼를 되돌려 놓는 순서로 동작한다.

➤ 16.2 웨이퍼 이송장치 및 포토공정의 모니터링

16.2.1 포토공정 기구 모니터링

반도체 8대 공정 중 하나인 PHOTO공정의 EXPOSE(노광) 공정 설비를 축소시켜 제작한 저희 기구는 LabVIEW 프로그램의 동작 화면을 통하여 기구의 동작을 설정하거나 진행 중인 공정 과정을 모니터링 할 수 있도록 하였다. 또한 LabVIEW의 프런트 패널에 실제 기구의 모델링을 넣음으로써 모터와 각 부품의 위치를 쉽게 알 수 있도록 하였고, 각 Unit별로 LED램프를 배치시킴으로써 공정 진행 중 Unit들의 동작 상태를 실시간으로 확인 할 수 있도록 하였다.

16.2.2 LabVIEW 모니터링 화면 구성

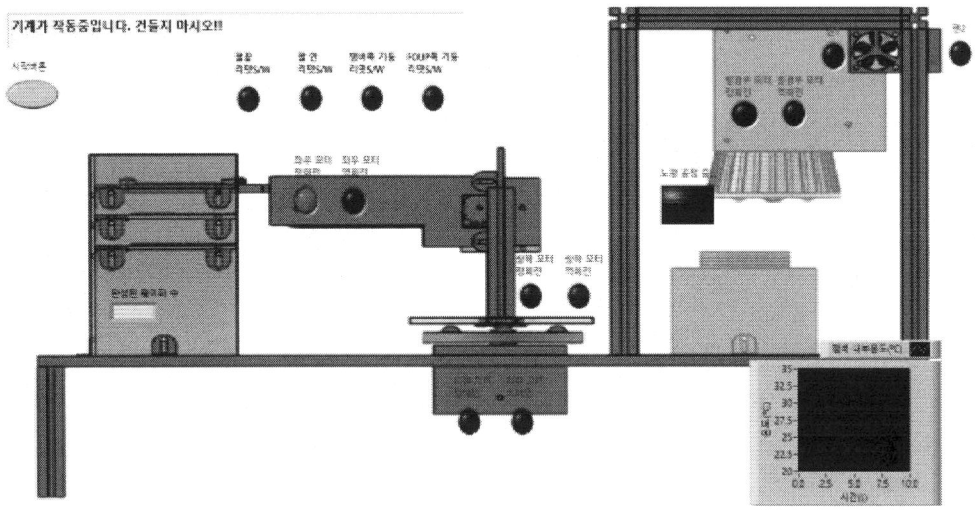

그림 16.3. LabVIEW 프로그램 모니터링 화면

그림 16.3은 실제 기구를 동작시킬 때 각 Unit의 동작을 실시간으로 확인할 수 있도록 LabVIEW 프로그램을 이용하여 제작한 프로그램 모니터링 화면을 나타낸 것이다. 사용자는 화면을 통하여 모터와 UV램프의 동작 상태를 확인할 수 있으며, 프로그램 상단의 상태메시지 창을 통하여 기구가 동작 중인지, 정지된 상태인지 알 수 있다. 또한, Chamber 내부의 온도와 램프, 팬의 동작 그리고 완성된 웨이퍼의 갯수를 LabVIEW 프로그램의 프런트패널에 표시된 LED를 통하여 알 수 있다.

➤ 16.3 포토공정의 LabVIEW 프로그래밍

16.3.1 전체 프로그램

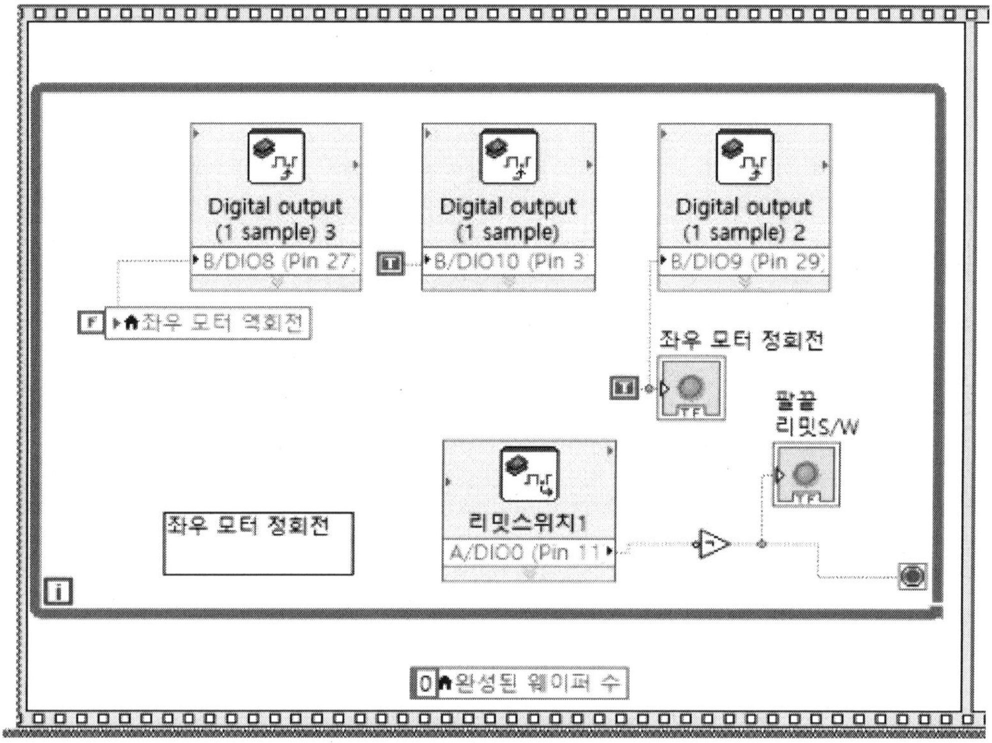

그림 16.4. LabVIEW 동작 프로그램

기구 제어용 보드로 myRIO를 사용하였기 때문에 myRIO와 LabVIEW를 연동시키기 위해 myRIO전용 Vi(Digital Output, Digital Input)를 사용하였다. 프로그램 동작 순서는 플랫 시퀀스와 Whlie루프, Case문 등을 사용하였다. 만약 기구가 프로그램 동작 중에 리밋스위치가 눌리게 되면 Whlie루프를 빠져나가 다음 시퀀스로 넘어가게 되는 방식의 프로그램이다.

16.3.2 프로그램의 특징

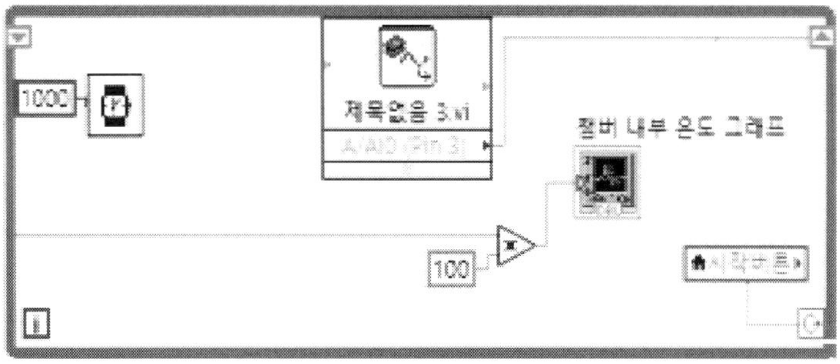

그림 16.5. 온도센서 동작 프로그램

1초마다 myRIO에 A Pin3에 연결 되어 있는 온도센서의 값을 1초마다 읽어와 프런트패널의 그래프에 표시. 온도센서의 값에 100을 곱해서 표시하는 이유는 온도센서의 값이 1도당 10mV로 표시되기 때문에, 값의 크기 조절을 위하여 신호값에 100을 곱해 표시한다.

학교에서 배운 LabVIEW 프로그램의 기본적인 Vi를 사용하여 만든 프로그램이다. LED와 로컬변수는 물론 myRIO Vi, 플랫 시퀀스, While루프 등이 프로그램에 사용되었고, 프런트패널은 실제 기구의 모델링을 사용함으로써 기구 모니터링을 쉽게 확인할 수 있도록 하였다.

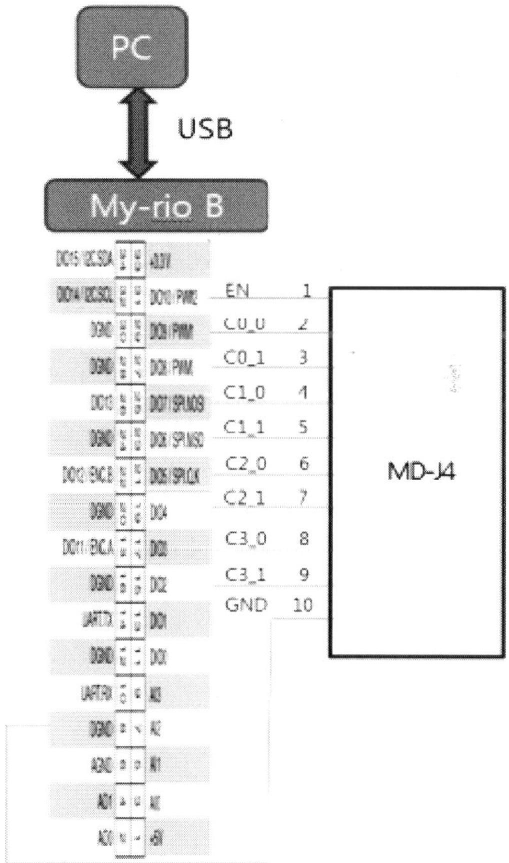

그림 16.6. 온도센서 배선도

➤ 16.4 반도체 포토공정과 myRIO의 연결

myRIO의 포트 A,B를 이용하여 그림 16.7에서 A포트에는 D/O으로 모터드라이브 1개를 연결, D/I으로 리밋스위치 4개, 온오프스위치 1개, 온도 센서를 연결했다. 그림 16.6에서 B포트에는 D/O으로 모터드라이브 1개를 더 연결하였다.

모터 드라이브에서는 DC모터 3개와, 타미야 모터 1개를 제어할 수 있도록 연결시켜 기구의 각 Unit에 사용된 모터의 정 방향, 역 방향 회전을 제어 가능하도록 연결시킨 모터 드라이브 회로이다. 모터드라이브에서는 첫 번째 연결 부분에서 UV Lamp를 제어하고, 두 번째와 세 번째 연결 부분에서는 각각 FAN 2개를 제어할 수 있도록 만들었다.

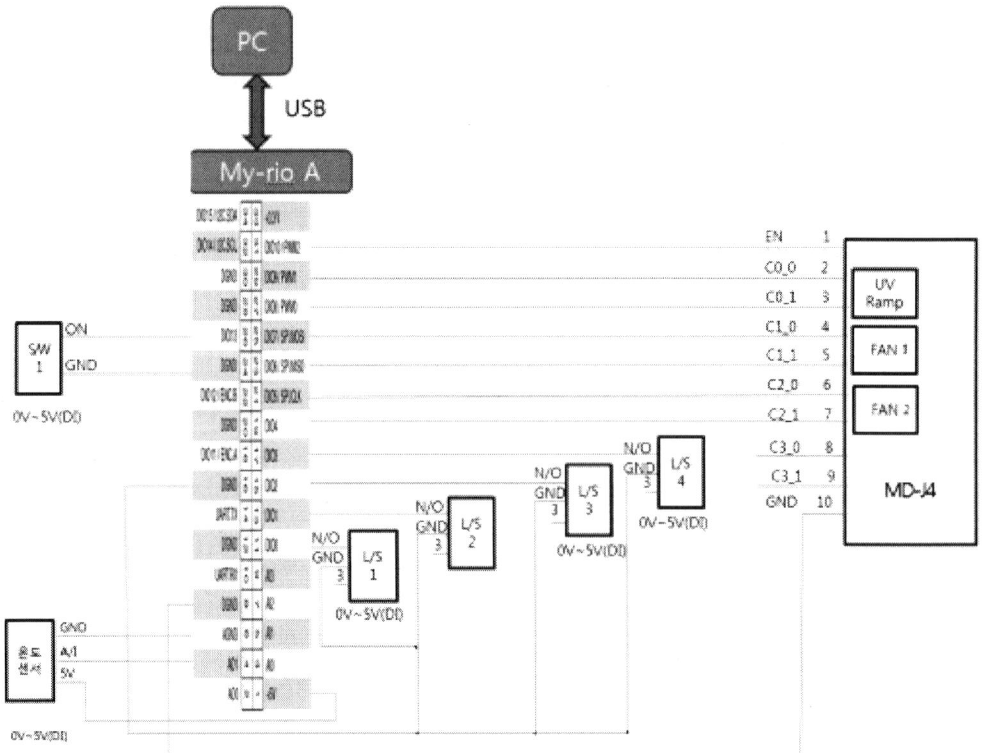

그림 16.7. 기구 각 유니터의 배선도

➤ 16.5 완성된 포토공정 시스템

그림 16.8. 완성된 웨이퍼 이송 및 포토공정

프로젝트 결과 초기에 제작하고자 설계했던 모델링에서 몇몇 Unit들의 단점을 보완하며 기구를 제작하게 되어 기구 완성이 다소 늦은 부분이 있었던 것 같다. 하지만 기구 제작을 통해서 실제 반도체 공정에서 PHOTO공정이 이루어지는 과정을 확인할 수 있고, 또한 기구를 제작하면서 공정 중 발생할 수 있는 문제점들에서 생각해 볼 수 있는 계기가 되었다. 기구를 실제 설비와 유사한 방식으로 제작할 뿐 아니라 특허자료로 등록된 새로운 방식의 공정 방법을 기구에 접합시켜 기존에 설비보다 나은 방법으로 공정을 진행 시킬 수 있는 방법들에 대하여 생각해 볼 수 있었다. 또한 실제 특허자료로 등록되어 있는 '수직이동 노광장치'를 제작하는 기구에 반영하여 제작하여 이전 설비 보다 공정의 수율을 높일 수 있는 방법에 대해서 생각해 볼 수 있었다.

반도체 8대 공정 중 한 부분을 실제 기구로 제작함으로써 제작한 공정에 대한 이해도를 높일 수 있을 뿐만 아니라, 공정 과정을 직접 확인하면서 공정에서 발생하는 문제점들이 일어나게 되는 이유에 대해서도 쉽게 이해할 수 있을 것이다. 또한 실제로 특허청에 등록되어 있는 자료를 참고하여 설비 개선을 목적으로 기구를 제작한다면, 실제 취업을 해서 관련 직종으로 가게 되었을 때 설비에서 문제점이 발생했을 때 원인을 찾는데 도움을 줄 수 있을 것이다. 이 작품은 이현모, 김승훈, 박대순, 진강희 학생이 제작하였다.

참고 문헌

1. 황우현. 실무자를 위한 LabVIEW활용, 북두출판사, 2012.
2. 손혜영, LabVIEW의 정석 기본편, 인피니티북스, 2009.
3. 장현오, LabVIEW로 시작하는 임베디드 시스템 myRIO를 이용한 하드웨어 실습, 인피니티북스, 2014.
4. 디바이스 마트 www.devicemart.co.kr
5. 엘레파츠 www.eleparts.co.kr
6. 한국 내셔널 인스트루먼트 ni.com; starter kit 활용
7. 마이LabVIEW mylv.net
8. 김병우, 노민진, 박윤수, 유규하, 2015년 캡스톤디자인 최종보고서, 2015.
9. 이현모, 김승훈, 박대순, 진강희, 2015년 캡스톤디자인 최종보고서, 2015.
10. 로보웰코리아 기술교육자료, 2016.

부 록

1. 국제인증자격시험 개요
2. CLAD 견본 시험

Certified LabVIEW Associate Developer (CLAD)
국제인증 자격시험 개요

국제인증 개요

National Instruments LabVIEW 국제인증 자격 프로그램은 3 단계로 구성되어 있습니다. 단계별로 취득할 수 있는 자격시험의 종류는 다음과 같습니다:
- Certified LabVIEW Associate Developer (CLAD)
- Certified LabVIEW Developer (CLD)
- Certified LabVIEW Architect (CLA)

이전 단계의 자격증이 있어야 상위 단계의 자격시험에 응시할 자격이 주어집니다.

CLAD 단계에서는 LabVIEW Full Development System 의 주요 기능을 완전히 이해하고 LabVIEW 모듈의 개발, 디버깅, 관리에 필요한 지식과 능력을 갖추어야 합니다. 일반적으로 LabVIEW Full Development System 을 대략 6 ~ 9 개월간 사용하면, CLAD 수준의 경험을 쌓을 수 있습니다.

CLD 단계에서는 중대형 LabVIEW 어플리케이션을 개발, 디버깅, 배포, 관리할 수 있는 능력을 갖추어야 합니다. LabVIEW 를 통해 중대형 어플리케이션을 총 12~18 개월 정도 개발한 경험이 있으면, CLD 수준의 전문성을 쌓을 수 있습니다.

CLA 단계에서는 여러 명의 개발자가 참여하는 환경에서 LabVIEW 어플리케이션을 설계할 수 있는 수준의 숙달된 전문성을 갖추어야 합니다. CLA 단계에서는 프로젝트 스펙에 따라 적절한 LabVIEW 구성요소를 만들어 관리하는 전문 기술 및 소프트웨어 개발 경험뿐만 아니라, 프로젝트 및 설정 관리 도구를 효과적으로 활용하여 전반적인 프로젝트를 파악할 수 있는 경험이 있어야 합니다. LabVIEW 를 통해 중대형 어플리케이션을 총 24 개월 정도 개발한 전문 경험이 있으면, CLA 수준에 이를 수 있습니다.

노트 CLAD 자격증이 있어야 CLD 자격시험에 응시할 수 있습니다.
또한 CLD 자격증이 있어야 CLA 자격시험에 응시할 수 있습니다.
이 응시 자격에 대해 예외 사항은 없습니다.

Certified LabVIEW Associate Developer (CLAD)
국제인증 자격시험 개요

자격시험 개요

제품: 시험은 Windows용 LabVIEW Full Development System 2012 버전을 기준으로 합니다. LabVIEW Full Development System에서 사용할 수 있는 기능을 버전에 따라 비교해 보려면 LabVIEW 개발 시스템 웹 페이지를 참조하십시오.

시험 시간: 1 시간
시험 문항 수: 40 문항
문제 유형: 다지선다형
합격 기준: 정답률 70% 이상

이 시험에서는 수험자의 어플리케이션에 대한 지식을 평가하며, 메뉴 단계 또는 VI 와 구성요소의 이름을 외우는 능력은 평가 대상이 아닙니다.

시험 도중 LabVIEW 또는 다른 교재를 사용하는 것은 금지되어 있습니다. 수험자의 편의를 위해 시험에 필요한 경우 *LabVIEW 도움말*의 스크린샷이 제공됩니다.

시험의 공정성 보장을 위해, 시험의 일부를 복사, 재생하는 것은 금지하고 있습니다. 이를 어기면, 불합격 처리됩니다. 시험 답안을 종이에 기록하는 방식으로 시험이 치뤄지는 지역에서는, 응시자가 시험지의 일부를 분리할 경우 채점 없이 불합격 처리됩니다.

Certified LabVIEW Associate Developer (CLAD)
국제인증 자격시험 개요

시험 주제

1. LabVIEW 의 기본
2. 디버깅
3. 구조
4. 프로그래밍 VI 및 함수
5. 데이터 통신 및 동기화
6. 에러 핸들링
7. 디자인 패턴
8. VI 서버

Certified LabVIEW Associate Developer (CLAD)
국제인증 자격시험 개요

시험 주제(개요):

주제	소주제
1. LabVIEW 의 기본	a) LabVIEW 프로그래밍 원리
	b) LabVIEW 환경
	c) 데이터 타입
2. 디버깅	a) 디버깅 도구
	b) 경우에 따른 여러가지 디버깅 방법 및 기술
3. 구조	a) 루프
	b) 케이스 구조
	c) 시퀀스 구조
	d) 이벤트 구조
	e) 기타 구조
4. 프로그래밍 VI 및 함수	a) 일반 프로그래밍 함수
5. 데이터 통신 및 동기화	a) 데이터 통신 및 동기화
6. 에러 핸들링	a) 에러 핸들링
7. 디자인 패턴	a) 디자인 패턴
	b) SubVI 생성
8. VI 서버	a) VI 서버

Certified LabVIEW Associate Developer (CLAD)
국제인증 자격시험 개요

CLAD 주제별 세부사항

1. **LabVIEW 의 기본**
   a. LabVIEW 프로그래밍 원리
      1. 프런트패널과 블록다이어그램의 객체
         a) 어플리케이션의 프런트패널에 가장 적합한 객체 선택하기
         b) 프런트패널에 있는 객체와 해당 터미널 간 연결 관계 설명하기
         c) 프런트패널에 있는 객체와 블록다이어그램에 있는 상수 중 선택하기
         d) 불리언 컨트롤에 가장 적합한 기계적 동작 결정하기
         e) 프로퍼티 노드가 적합한지 확인하고 적합한 프로퍼티 선택하기
   b. LabVIEW 환경
      1. 프런트패널, 블록다이어그램 및 커넥터 팬
         a) VI 에서 프런트패널 객체와 블록다이어그램 객체 간 관계 및 커넥터 팬을 통한 이 두 가지 객체의 연결 확인하기
         b) 블록다이어그램이 없는 VI 의 종류 구별하기
         c) 커넥터 팬 및 아이콘의 용도 구별하기
         d) 팔레트 및 함수의 종류 구별하기
      2. 다음에 대한 설정 옵션 확인하기
         a) 프런트패널 윈도우
         b) 블록다이어그램
         c) 환경
   c. 데이터 타입
      1. 데이터 타입 및 데이터 구조
         a) 프런트패널 및 블록다이어그램 객체에 가장 적합한 데이터 타입 선택하기
         b) 관련 데이터 아이템을 그룹으로 묶을 때 가장 적합한 방식 선택하기
         c) 웨이브폼 데이터 타입에 대해 설명하고 데이터를 그래프 및 차트로 디스플레이하기
         d) 타임스탬프 데이터 타입에 대해 설명하고 이를 타임스탬프 측정 데이터에 사용하기

2. 프런트패널 객체 및 데이터 타입으로 작업하기
    a) 데이터 아이템을 나타낼 때 가장 적합한 형, 범위, 포맷, 정밀도 및 스케일링 결정하기
    b) 컨트롤을 사용자 정의해야 하는 경우를 구분하고 설명하기
    c) 타입 정의와 엄격한 타입 정의 구별하기
    d) 타입 정의 또는 엄격한 타입 정의를 사용하면 좋은 어플리케이션을 구분하고 설명하기

2. 디버깅: 디버깅 도구 및 기술

a. 디버깅 도구

1. LabVIEW 의 에러 및 경고 처리 방식을 결정하는 VI 프로퍼티 셋팅의 영향을 확인하고 설명하기
2. VI 에서 **실행** 버튼이 깨진 경우 어떤 에러 때문인지 확인하고 **에러 리스트** 윈도우를 사용하여 그 원인 찾아내기
3. 데이터 흐름 추적을 위해 또는 다른 디버깅 도구 보완을 위해 사용하는 실행 하이라이트에 대해 설명하기
4. 브레이크포인트, 실행 일시 정지, 단계별 실행 도구를 사용하여 VI 및 SubVI 를 디버그하는 방법에 대해 설명하기
5. 프로브 도구, 인디케이터, 일반 프로브, 사용자 프로브를 사용하여 데이터 값을 디스플레이하기

b. 경우에 따른 여러가지 디버깅 방법 및 기술

1. 발생한 에러에 가장 적합한 디버그 방법 선택하기
2. 주어진 블록다이어그램에서 에러가 발생할 것인지 판단하기

3. 프런트패널 및 블록다이어그램 객체, 데이터 타입, 변수 및 소프트웨어 구조

a-e) 루프, 케이스 구조, 시퀀스 구조, 이벤트 구조 및 다른 블록다이어그램 구조의 프로그램 컨트롤, 블록다이어그램 로직 및 데이터 저장

1. 가장 적합한 프로그램 컨트롤 구조를 선택하고 적용하기
2. 프로그램 컨트롤 구조에 맞는 데이터 저장 메커니즘을 선택하고 구현하기
3. 루프 구조 구성요소의 기능을 식별하고 설명하기
4. While 루프와 For 루프 중에서 가장 적합한 루프 구조 선택하기
5. 오토인덱싱에 대해 설명하고, 각 타입의 루프 구조에서 인덱싱을 활성화 또는 비활성화할 때 발생하는 결과 구분하기

6. 오토인덱싱을 사용하는 루프에서 루프가 일정한 횟수만큼 반복 또는 종료된 후 데이터 값 예측하기
7. 데이터 저장 원소로 시프트 레지스터를 사용하고 초기화하는 방법에 대해 설명하기
8. 루프가 일정한 횟수만큼 반복 또는 종료된 후 시프트 레지스터의 데이터 값 예측하기
9. 시퀀스 구조와 케이스 구조의 장단점을 확인하고 경우에 따라 둘 중에서 하나 선택하기
10. 케이스 구조의 선택자 터미널에 가장 적합한 데이터 타입 선택하기
11. 케이스 구조의 두 가지 출력 터널을 확인하고 각각의 장단점 구분하기
12. 이벤트 드리븐 프로그램으로 이벤트 구조를 사용할 때의 이점 확인하기
13. 이벤트 구조의 구성요소 구별하기
14. 이벤트를 생성할 수 있는 여러가지 방법 확인하기
15. 이벤트 구조가 처리할 수 있는 여러가지 이벤트 구별하기
16. 사용자 인터페이스 이벤트에 대해 프런트패널 윈도우를 잠그면 어떤 영향이 있는지 이해하기
17. 어플리케이션에서 사용자 이벤트를 사용할 때 필요한 것이 무엇인지 확인하고 설명하기
18. 사용자 이벤트의 등록, 생성 및 삭제 기술 적용하기
19. 수식 노드의 구성요소를 구별하고, 스크립트 변수와 입출력 터미널 간 관계를 확인하기
20. 수식 노드를 사용하는 어플리케이션의 출력 확인하기
21. 조건적 비활성화 구조와 다이어그램 비활성화 구조 간 차이 확인하기
22. 조건적 비활성화 또는 다이어그램 비활성화 구조를 사용하는 어플리케이션의 출력 확인하기
23. 공유 변수, 로컬 변수, 글로벌 변수 간 차이 확인하기

4. <u>프로그래밍 VI, 함수 및 프로퍼티</u>

a. <u>일반 프로그래밍 함수</u>

1. 다음 리스트의 VI 및 함수를 사용하는 어플리케이션에서 데이터 원소의 출력값 또는 중간값 확인하기
2. 데이터 흐름을 깨는 블록다이어그램 코드와 데이터 흐름을 설정하는 기술 확인하기

3. 사용자 인터페이스 반응 및 업데이트 속도를 느리게 하는 블록다이어그램 코드를 구분하고 반응 속도를 개선시키는 기술 확인하기
4. 로컬 및 글로벌 변수, 프로퍼티 노드, 참조의 사용과 연관된 경합 조건, 메모리 및 성능 문제 확인하기
5. 다음 리스트의 VI 및 함수 중에서 지정된 기능을 구현하는데 가장 적합한 VI 또는 함수 결정하기

이 섹션에 적용되는 VI 및 함수 리스트:

a) 숫자형—**숫자형**, **변환**, **데이터 다루기**, **비교** 팔레트
b) 불리언—**불리언** 팔레트
c) 문자열—**문자열**, **문자열/숫자 변환**, **문자열/배열/경로 변환** 팔레트
d) 경로—**파일 I/O** 팔레트에 있는 경로 함수
e) 배리언트—**클러스터, 클래스 & 배리언트** 팔레트에 있는 배리언트 함수
f) 배열 함수
g) 클러스터—**클러스터, 클래스 & 배리언트** 팔레트에 있는 클러스터 함수
h) 타이밍—**타이밍** 팔레트
i) 파일 I/O—**파일 I/O** 팔레트
j) 웨이브폼—**웨이브폼** 팔레트
k) 이벤트—**이벤트** 팔레트

5. 데이터 통신 및 동기화

a. 데이터 통신 및 동기화

1. 데이터 통신을 위한 로컬, 글로벌 또는 공유 변수 사용의 장단점 확인하기
2. 여러 블록다이어그램 섹션 간 데이터 통신에 가장 적합한 방법 선택하기
3. 다음 리스트의 VI 및 함수를 사용하는 어플리케이션에서 데이터 원소의 출력값 또는 중간값 확인하기
4. 다음 리스트의 VI 및 함수 중에서 지정된 기능을 구현하는데 가장 적합한 VI 또는 함수 결정하기

이 섹션에 적용되는 VI 및 함수 리스트:

a) 알림자—**알림 동작** 팔레트
b) 큐—**큐 동작** 팔레트
c) 기능적인 글로벌 변수

6. 에러 핸들링

a. 에러 클러스터 및 와이어

1. 에러 클러스터와 에러 와이어가 연결되는 터미널의 구성요소 확인하기
2. 에러와 경고의 차이 구분하기
3. *LabVIEW 도움말*의 *LabVIEW Style Checklist* 토픽에 따라 VI 설계하기. 예를 들어, 에러 확인을 통해 While 루프를 컨트롤하고, 케이스 구조를 사용하여 에러를 처리하고, 커넥터 팬에서 적절한 터미널 사용하기

b. 에러 및 대화 상자 VI

1. 주어진 VI 또는 SubVI 에서 에러 발생 시 이를 처리하고 사용자나 호출 VI 에 알리는데 가장 적절한 위치 판단하기
2. **대화 상자 & 사용자 인터페이스** 팔레트의 VI 및 함수 중에서 지정된 에러 핸들링 및 보고 기능을 구현하는데 가장 적합한 VI 또는 함수 결정하기

c. 사용자 에러 코드

1. 사용자 에러 코드를 정의할 때 사용되는 수적 범위와 방법을 확인하고 사용자 에러 코드를 사용하여 VI 에서 에러 생성하기

7. 디자인 패턴

a. 디자인 패턴

1. 디자인 패턴을 구별하고, 디자인 패턴의 장단점을 설명하고, 다른 디자인 패턴과 비교하기
2. 다음 디자인 패턴 중에서 주어진 어플리케이션 요구사항에 가장 적합한 디자인 패턴 선택하기:
   a) 기본 상태 머신
   b) 사용자 인터페이스 이벤트 핸들러
   c) 큐 메시지 핸들러
   d) 생산자/소비자(데이터)
   e) 생산자/소비자(이벤트)
   f) 기능적인 글로벌 변수

b. SubVI 생성

1. SubVI 생성 방법
   a) SubVI 생성에 사용되는 방법과 각 방법의 장단점을 확인하고 설명하기

2. 커넥터 팬과 연결 타입
    a) *LabVIEW 도움말*의 *LabVIEW Style Checklist* 토픽의 권장사항에 따라 가장 적합한 커넥터 팬을 선택하고 터미널 할당하기
    b) 필수, 권장, 옵션 터미널 구분하기
    c) 주어진 요구사항에 따라 터미널을 필수, 권장 또는 옵션 터미널로 설정하기
3. <u>다형성 SubVI</u>
    a) 다형성 SubVI 설계가 가장 적절한 선택인지 평가하기
    b) 다형성 SubVI 개발의 장단점 및 제약 확인하기
4. <u>SubVI 관련 옵션</u>
    a) 실행 및 윈도우 셋팅을 확인하고 각 셋팅의 영향 설명하기
    b) SubVI 의 모든 인스턴스 또는 단일 인스턴스에 가장 적합한 실행 및 윈도우 셋팅을 선택하고 적용하기
5. <u>에러 핸들링</u>
    a) *LabVIEW 도움말*의 *LabVIEW Style Checklist* 토픽의 권장사항에 따라 에러 핸들링 적용하기

8. <u>VI 서버</u>

a. <u>설정</u>
    1. VI 서버 설정에 적절한 셋팅 적용하기

b. <u>참조, 프로퍼티 노드, 인보크 노드</u>
    1. 블록다이어그램 객체의 참조 타입, 프로퍼티, 메소드 사용 확인하기
    2. 프로퍼티 노드 및 메소드의 실행 순서 확인하기
    3. 서버 노드 내, 서버 노드 간 에러 핸들링 동작 확인하기

NATIONAL INSTRUMENTS™

Certified LabVIEW Associate Developer Exam

시험 문제집

주의 : 시험 응시 중 다른 컴퓨터를 사용하거나 책자 등을 참조하는 것은 금지되어 있습니다.

설명서

받으신 시험지 봉투에 "NI Certification" 도장이 찍혀있지 않은 경우, 이 시험은 **무효**입니다. 이 경우, 감독관에게 즉시 시험지를 반납하시고 새 시험지를 교부 받으십시오.

- **시험지의 일부를 손상시키거나 첨부 내용을 분리하지 마십시오. 시험지의 일부가 분실, 분리, 또는 손상된 상태로 National Instruments에 제출되면, 불합격 처리됩니다.**

- 시험 감독관에게 도움을 요청하지 마십시오. 질문의 요점이 명확하지 않은 경우, 해당 문제를 표시하고 그 질문에 가장 적합하다고 생각되는 답을 고른 이유를 기록해도 됩니다.

- 본 시험지를 고사장 밖으로 유출하거나 어떤 형태로든 복사 또는 재생하면 안됩니다. 시험을 마친 이후에는 본 시험지는 개인이 소장할 수 있습니다.

시험 정보:

- 시험 시간: 1 시간
- 시험 문제 형식: 다지선다형
- 시험 문항 수: 40 문항
- 합격 기준: 정답률 70% 이상

중요 사항: 이 시험을 마치면, 제공된 봉투에 넣고 봉인하십시오. 시험 감독관에게 봉인된 봉투를 제출하십시오.

답안지:

답안지에 응시자가 답을 기록하여 나중에 해답 페이지의 답과 쉽게 비교해 볼 수 있습니다. 이 페이지를 절개하여 시험을 보는 동안 답을 기록하는데 사용하십시오. 이 페이지는 실제 CLAD 시험에서는 제공되지 않으며, 연습용으로 이 시험지에만 포함되어 있습니다. 해답 페이지는 이 견본 시험의 마지막 부분에 있습니다.

1. _____
2. _____
3. _____
4. _____
5. _____
6. _____
7. _____
8. _____
9. _____
10. _____
11. _____
12. _____
13. _____
14. _____
15. _____
16. _____
17. _____
18. _____
19. _____
20. _____
21. _____
22. _____
23. _____
24. _____
25. _____
26. _____
27. _____
28. _____
29. _____
30. _____
31. _____
32. _____
33. _____
34. _____
35. _____
36. _____
37. _____
38. _____
39. _____
40. _____

견본 시험 문항:

1. 다음 중 코드 실행에 관한 설명으로 참인 것은 무엇입니까?

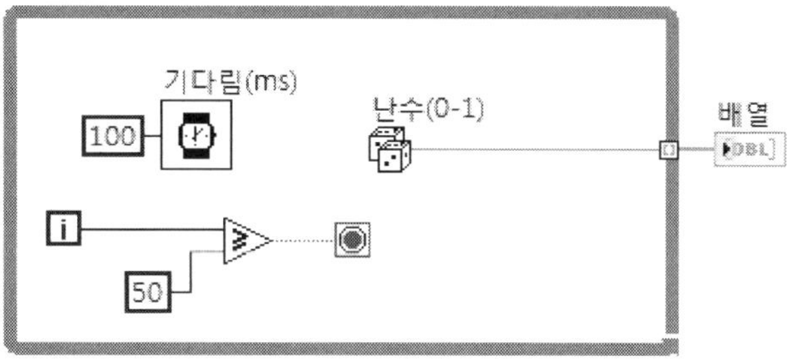

a. 루프는 51 번 반복됨.
b. 루프는 50 번 반복됨.
c. 루프는 49 번 반복됨.
d. 카운트 터미널에 50 이 연결된 For 루프는 같은 동작을 수행합니다.

2. 다음 중 LabVIEW 이벤트 구조에 의하여 사용할 수 있는 이벤트는 무엇입니까?

a. 마우스를 클릭하여 프런트패널 컨트롤의 값을 변경할 때
b. 프로퍼티 노드를 사용하여 프런트패널 컨트롤을 업데이트할 때
c. 컨트롤 참조를 통해 프런트패널 컨트롤을 프로그램적으로 업데이트할 때
d. VI 서버를 사용하여 프런트패널 컨트롤을 업데이트할 때

3. 다음 코드가 실행된 후 **결과** 인디케이터에 나타나는 값은 무엇입니까?

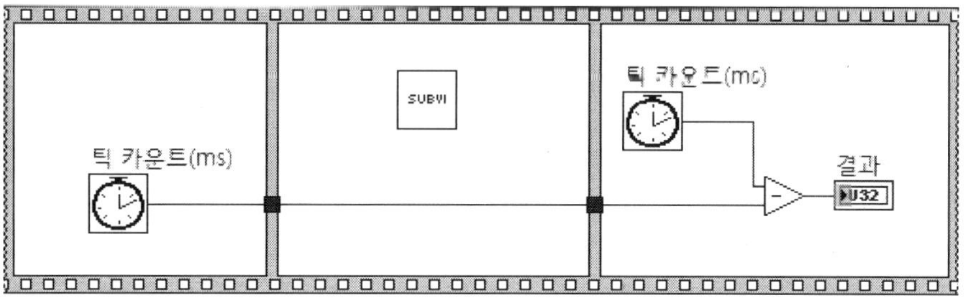

a. SubVI 실행 중 경과된 시간(밀리초 단위)
b. 0
c. 1970 년 1 월 1 일 이후 경과된 시간(초 단위)
d. 시퀀스 구조 실행 중 경과된 시간(밀리초 단위)

4. VI 프런트패널에 컨트롤이 하나 있는데, 런타임 중에 이 컨트롤 프로퍼티 하나를 변경해야 합니다. 가장 적절한 방법은 무엇입니까?

   a. 함축적인(implicit) 프로퍼티 노드를 생성하고 변경할 프로퍼티를 선택
   b. 컨트롤 참조를 생성하고, 이 참조를 프로퍼티 노드에 전달한 후에 변경할 프로퍼티를 선택
   c. 연결된 공유 변수를 생성하고, 변경할 프로퍼티를 선택
   d. 로컬 변수를 생성하고 변경할 프로퍼티를 선택

5. 배열을 생성하는 가장 효율적인 방법은 무엇입니까?

   a. While 루프 안에 [배열 만들기] 함수 추가
   b. 배열을 초기화한 후 While 루프 안에서 원소 대체
   c. 자동 인덱싱을 활성화한 For 루프 사용
   d. 자동 인덱싱을 활성화한 While 루프 사용

6. 장시간 실행되는 어플리케이션에서 시간을 제어하는데 가장 적합한 시간 함수(VI)는 무엇입니까?

   a. 틱 카운트(ms)

   b. 기다림(ms)
   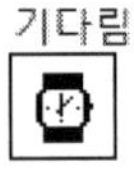

   c. 날짜/시간을 초로 얻기

   d. 날짜/시간 문자열로 포맷

7. 다음 블록다이어그램을 가진 VI는 자동 에러 핸들링이 활성화되어 있습니다. C:₩data.txt 파일이 존재하지 않는 경우, 에러 대화 상자가 나타납니까?

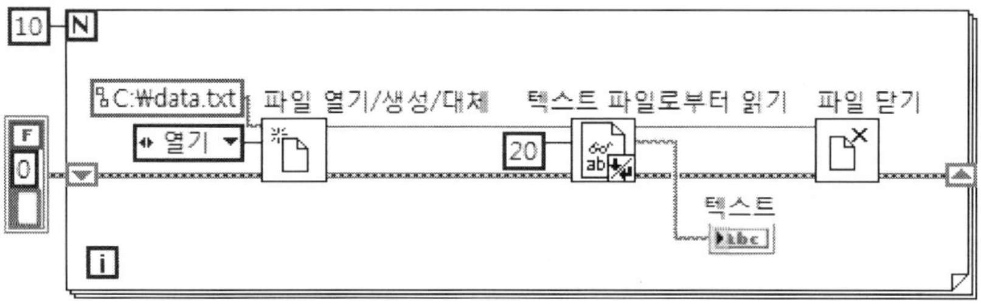

a. 예. [파일 열기/생성/대체] 함수로부터 에러가 반환될 때마다 대화 상자가 나타남
b. 예. 루프 반복이 완료될 때마다 나타남
c. 예. 그러나 루프가 반복될 때마다 나타나지 않고 한 번만 나타남
d. 아니오

8. 기본 도움말 보이기 윈도우에서 SubVI 의 입력 이름이 굵은체로 표시되었습니다. 다음 중 올바른 설명은 무엇입니까? **(정답이 하나 이상일 수 있습니다.)**

a. 입력 값은 반드시 스칼라(scalar)이어야 함
b. 입력을 권장하기는 하지만, 반드시 입력해야 하는 것은 아님
c. 입력이 반드시 필요함
d. 입력에 와이어를 연결하지 않으면, 그 결과로 깨진 실행 화살표가 나타남

9. 아래 그림에서 [배열 크기] 함수의 출력은 무엇입니까?

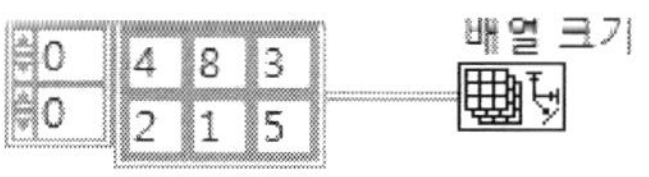

a. {2, 3}의 1D 배열
b. {3, 2}의 1D 배열
c. 2
d. 해당 사항 없음

10. 다음 중 디스크에 가장 작은 양의 데이터를 쓰는 코드는 무엇입니까?

a.

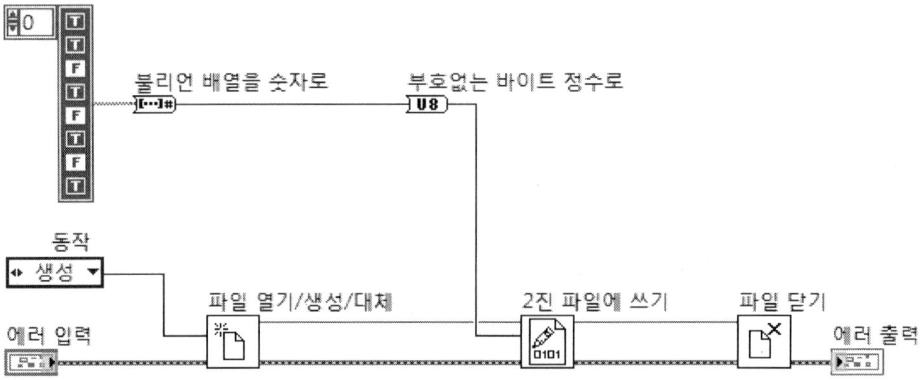

b.

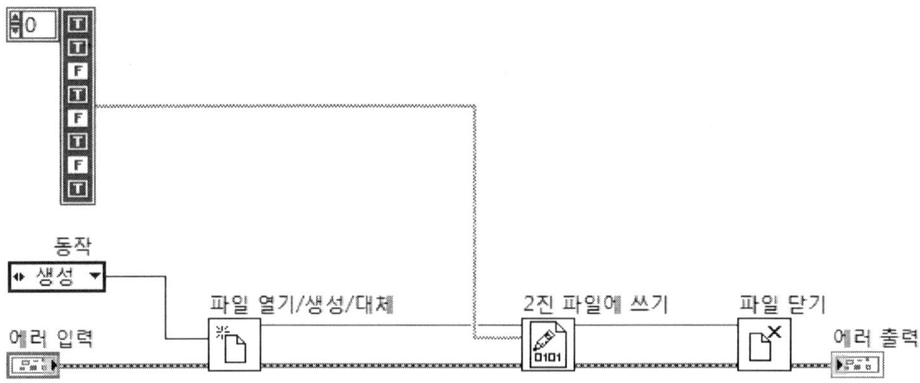

c.

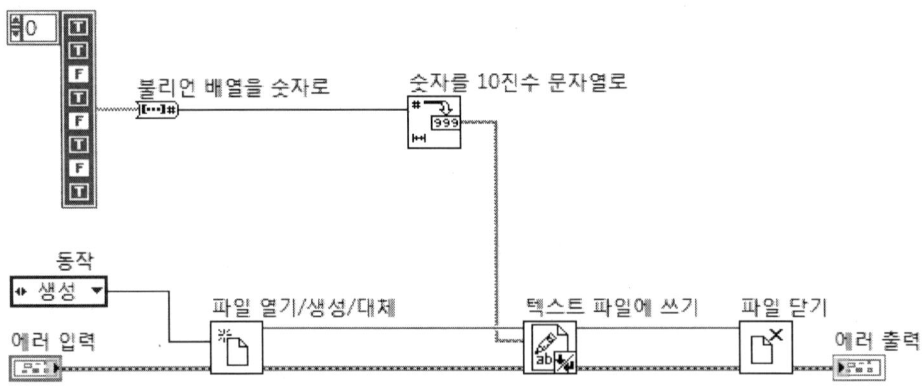

d.

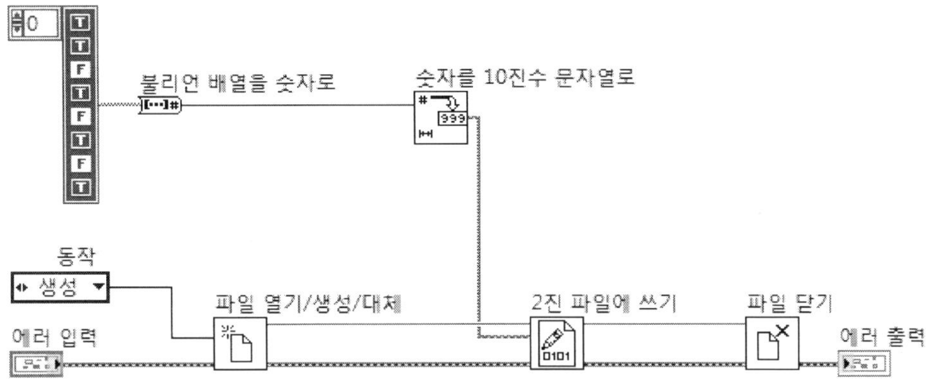

11. 프런트패널 컨트롤에 대해 특정 키 또는 키 조합을 할당하는 설정은 무엇입니까?

a. 키 포커스
b. 키 조작
c. 기수
d. 객체 간격 조절

12. 다음 코드를 실행한 후, **새 문자열**에 나타나는 결과는 무엇입니까?

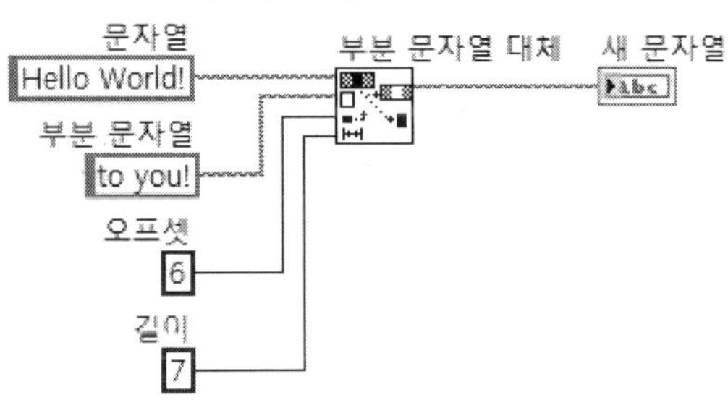

a. Hello to you!
b. Hello Wto you!
c. Hello to you!!
d. Helloto you!

13. 컨트롤 참조는 어떤 기능을 제공합니까?

a. 컨트롤과 인디케이터를 프로그램적으로 VI에 추가하는 기능
b. SubVI에서 프런트패널 객체의 프로퍼티에 접근하는 기능

c. 가명을 통해 여러 DAQ 입력을 컨트롤하는 기능
d. 컨트롤에서 함수 및 SubVI로 연결하는 기능

14. 다음 코드가 실행된 후 **숫자형** 인디케이터에 나타나는 값은 무엇입니까?

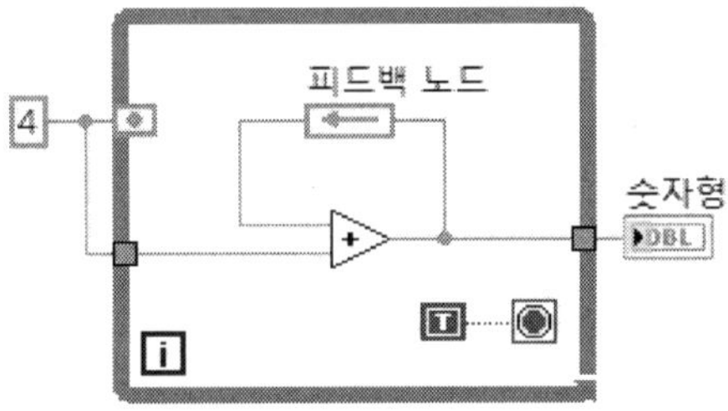

a. 0
b. 4
c. 8
d. While 루프는 무한으로 반복

15. 출력만 가진 SubVI를 개발하여, 이 SubVI를 호출 VI에서 사용해야 합니다. 데이터 흐름을 통해 SubVI의 실행을 컨트롤하는 가장 적절한 방법은 무엇입니까?

a. 시퀀스 구조에서 SubVI 사용
b. 호출 VI에서 사용할 수 있는 더미 입력을 포함하도록 SubVI 변경
c. 호출 VI에서 사용할 수 있는 에러 클러스터를 포함하도록 SubVI 변경
d. 호출하는 VI에서 사용할 수 있는 글로벌 변수를 포함하도록 SubVI 변경

16. C:₩data.txt 파일이 존재하지 않지만, VI는 에러를 리포트하지 않습니다. 다음 중 에러를 보고하고 정지하는 코드는 무엇입니까?

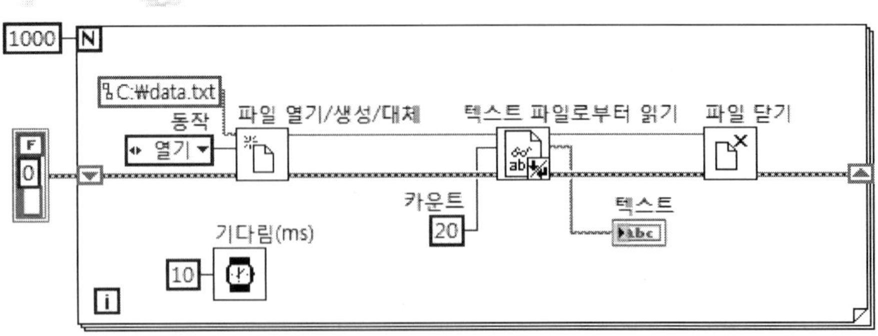

a.

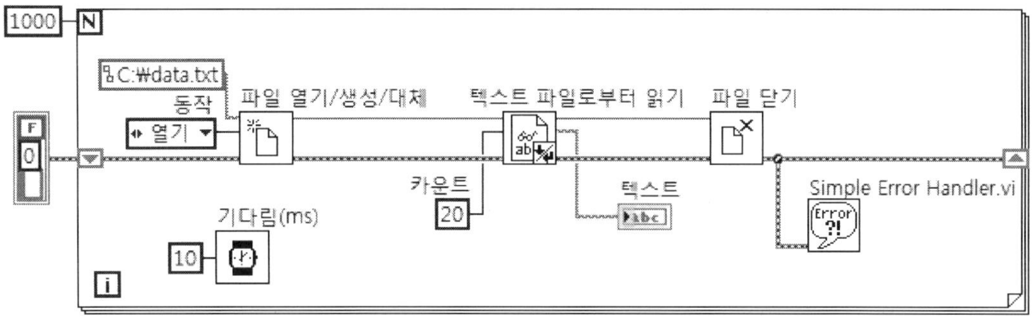
1000
C:₩data.txt
동작
열기
파일 열기/생성/대체
텍스트 파일로부터 읽기
파일 닫기
카운트
20
텍스트
Simple Error Handler.vi
기다림(ms)
10

b.

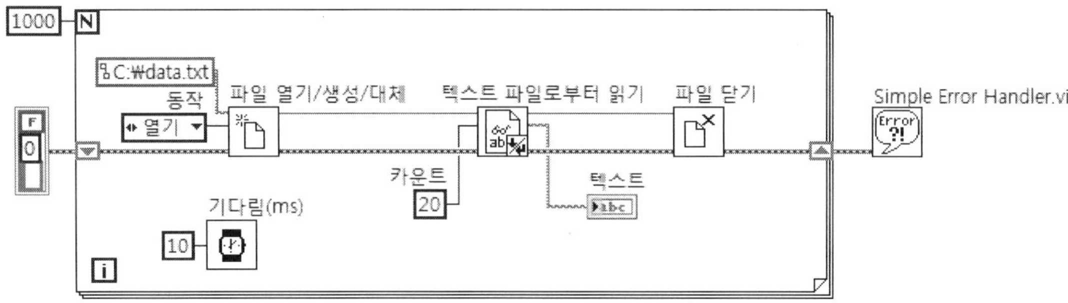
1000
C:₩data.txt
동작
열기
파일 열기/생성/대체
텍스트 파일로부터 읽기
파일 닫기
카운트
20
텍스트
Simple Error Handler.vi
기다림(ms)
10

c.

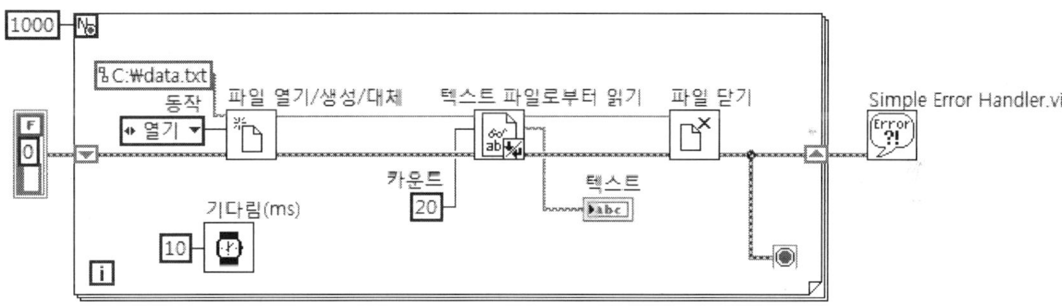
1000
C:₩data.txt
동작
열기
파일 열기/생성/대체
텍스트 파일로부터 읽기
파일 닫기
카운트
20
텍스트
Simple Error Handler.vi
기다림(ms)
10

d.

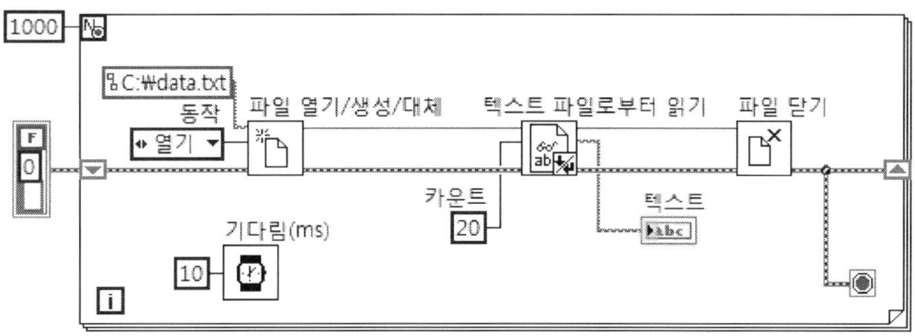
1000
C:₩data.txt
동작
열기
파일 열기/생성/대체
텍스트 파일로부터 읽기
파일 닫기
카운트
20
텍스트
기다림(ms)
10

17. 병렬로 실행되는 루프 사이에서 와이어를 통해 데이터를 전달할 수 있습니까?

a. 예
b. 아니오

18. 숫자형 컨트롤의 값을 프로그램적으로 업데이트해야 합니다. 가장 적합한 방법은 무엇입니까?

a. 기능적인 글로벌 변수 사용
b. 로컬 변수 사용
c. 원하는 값을 기본값으로 설정
d. 데이터 값 참조 사용

19. 글로벌 변수가 로컬 변수에 비해 갖는 장점에 대한 설명으로 올바른 것은 무엇입니까?

a. 글로벌 변수는 동시에 실행 중인 두 독립적인 VI 사이에 데이터를 전달할 수 있음
b. 글로벌 변수는 배열 데이터를 전달할 수 있지만, 로컬 변수는 전달할 수 없음
c. 글로벌 변수는 데이터 흐름 모델을 따르기 때문에, 경합 조건을 일으킬 수 없습니다.
d. 글로벌 변수는 고유 라벨을 필요로하지 않음

20. 가장 먼저 색상이 변하는 플롯은 무엇입니까?

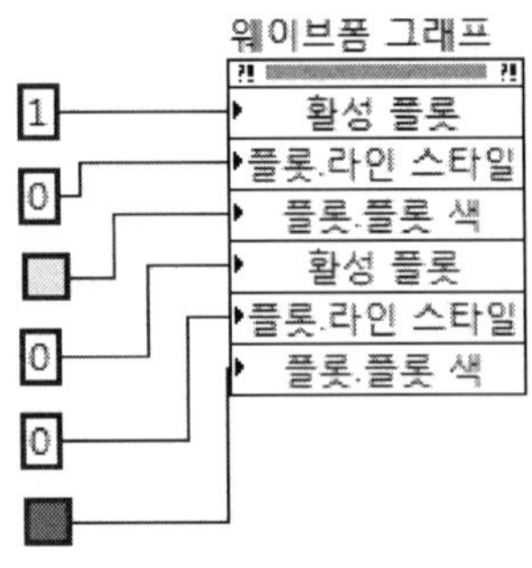

a. 플롯 1, 프로퍼티는 위에서 아래로 실행되기 때문에
b. 플롯 0, 0 에서부터 숫자 순으로 프로퍼티가 적용되기 때문에

c. 동시에 두 플롯이 변함, 프로퍼티의 멀티스레딩 때문에
d. 알 수 없음, LabVIEW 는 데이터 흐름에 따라 동작하기 때문에

21. 다음 중 여러 플롯이 있는 웨이브폼 그래프를 만드는 방법은 무엇입니까?

a. X 와 Y 데이터를 가진 1D 배열 두 개를 각 플롯으로 묶음 이러한 클러스터로 이루어진 배열을 만든 후, 이 배열을 웨이브폼 그래프 인디케이터에 연결
b. 배열에서 각 플롯이 각각 다른 행(또는 열)에 있는 데이터의 2D 배열을 만든 후, 이 배열을 웨이브폼 그래프 인디케이터에 연결
c. 각 웨이브폼의 원소를 클러스터로 묶고 이러한 클러스터로 이루어진 배열을 만든 후, 이 배열을 웨이브폼 그래프 인디케이터에 연결
d. B 와 C 모두 맞음.

22. 다음 중 불리언 컨트롤의 값 변경과 같은 알림 이벤트를 가장 잘 설명하는 것은 무엇입니까?

a. 이벤트가 발생했지만 LabVIEW가 이 이벤트를 처리하지 않았음을 나타냄
b. 이벤트가 발생했지만 사용자가 이벤트를 버렸음을 나타냄
c. 이벤트가 발생했으며 LabVIEW가 이 이벤트를 처리했음을 나타냄
d. 이벤트가 발생하지 않았지만 지정된 이벤트 타임아웃이 발생했음을 나타냄

23. 컨트롤을 사용자 정의하고, 타입 정의 상태 풀다운 메뉴에서 컨트롤을 선택한 후, 이 컨트롤을 .ctl 파일로 저장합니다. 그후 프런트패널 윈도우에서 해당 사용자 컨트롤 인스턴스를 사용합니다. .ctl 파일을 열고 컨트롤을 변경하는 경우, 프런트패널 윈도우의 컨트롤이 변경됩니까?

a. 예
b. 아니오

24. 이 [원소를 큐에서 제거] 함수가 데이터를 받을 때까지 기다리는 시간은 얼마입니까?

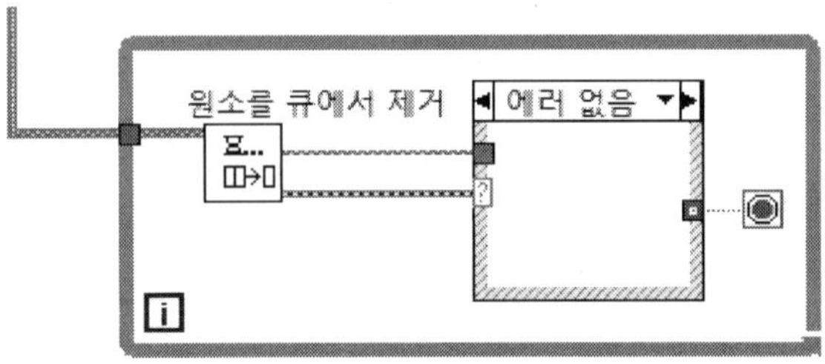

a. 1 밀리초(연결되지 않으면 기본값)

b. 1 초(연결되지 않으면 기본값)

c. 무한정 기다림

d. 기다리지 않고 바로 반환함

25. 이 다층 시퀀스 구조를 포함하는 VI가 실행된 후 **결과 F2** 인디케이터에 나타나는 값은 무엇입니까?

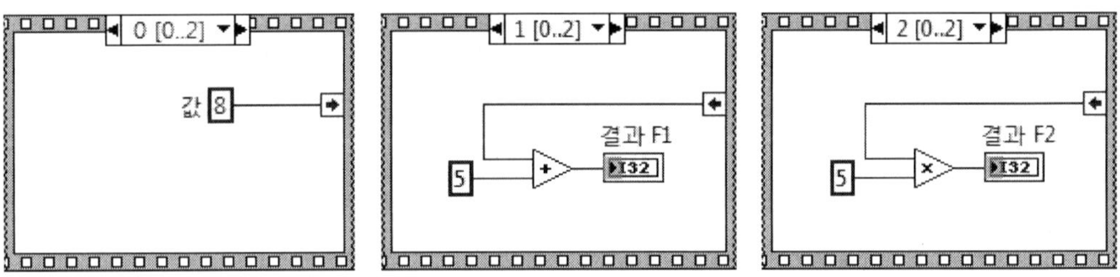

a. 0

b. 25

c. 40

d. 65

26. 다음 중 아래 루프의 실행 결과에 대한 가장 정확한 설명은 무엇입니까?

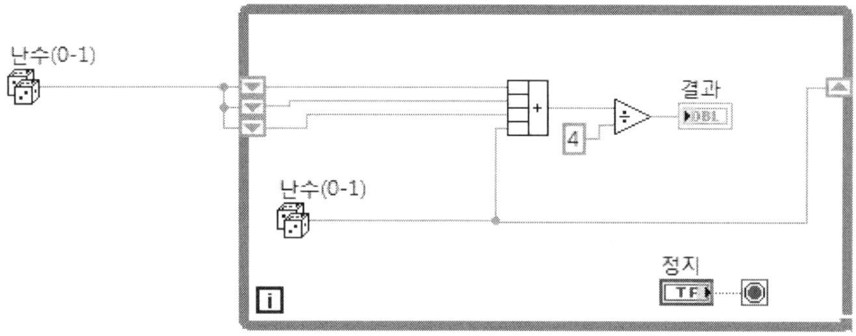

a. [난수] 함수의 마지막 값 세 개가 디스플레이됨

b. 모든 측정값의 이동 평균(running average)이 디스플레이됨

c. 마지막 측정값 4 개의 평균이 디스플레이됨

d. 해당 사항 없음

27. 다음 사례 중에서 실행 하이라이트를 사용하는 것보다 프로브 도구를 사용하는 것이 더 좋은 경우는?

a. 데이터의 흐름을 보려고 할 때

b. 실시간으로 와이어의 값을 보려고 할 때

c. 프로세스가 실행 중인 상태에서 SubVI를 자세히 살펴보려고 할 때

d. VI의 실행을 늦추고 와이어에 데이터 값을 보여주려고 할 때

28. 이 그림은 하나의 케이스 구문에 있는 모든 케이스를 디스플레이합니다. VI 가 실행된 후 **결과** 인디케이터에 나타나는 값은 무엇입니까?

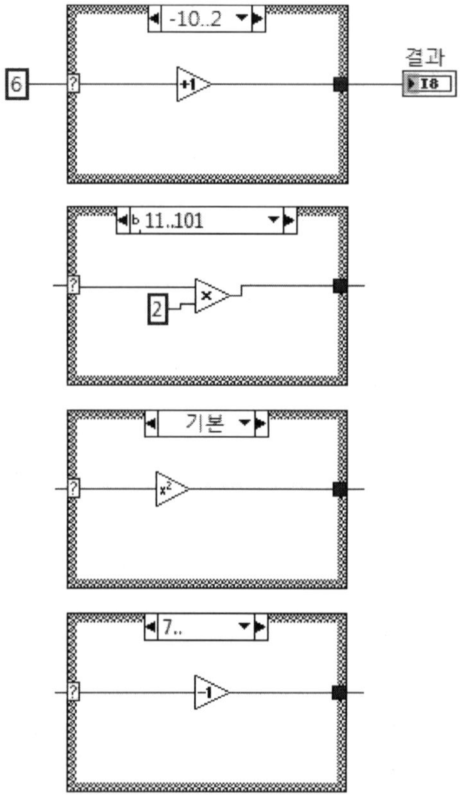

a. 5
b. 7
c. 12
d. 36

29. 다음 브레이크포인트는 어떤 동작을 합니까?

a. VI 가 강제 종료되도록 함
b. VI 가 일시 정지되도록 함
c. VI 가 추가된 부분에서 단계별 실행을 건너뛰도록 함
d. VI 가 인디케이터의 단계별 실행을 건너뛰도록 함

30. 다음 코드가 실행된 후 **결과**에 나타나는 값은 무엇입니까?

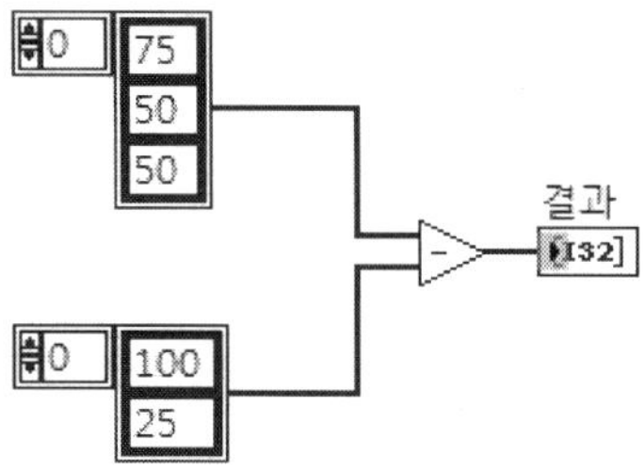

a. {-25, 25, 50}의 1D 배열
b. {-25, 25}의 1D 배열
c. {{-25, -50, -50}, {50, 25, 25}}의 2D 배열
d. {75, -50, 25}의 1D 배열

31. Windows 대화 상자의 버튼과 유사하게 불리언을 만드려면 어떤 기계적인 동작을 사용해야 합니까?

a. 놓을 때까지 스위치
b. 놓을 때 스위치
c. 놓을 때까지 래치
d. 놓을 때 래치

32. 다음 중 기능적인 글로벌 변수를 생성할 때 중요하지 않은 것은 무엇입니까?

a. 시프트 레지스터를 사용하여 정보를 저장
b. VI 의 실행 셋팅을 재호출로 변경
c. VI 를 호출하는 VI 로 인라인하도록 설정
d. While 루프가 한번 반복된 후 정지하도록 설정

33. 다음 중 수직선으로 구분되어 있는 이전 데이터와 새 데이터를 비교할 때 사용해야하는 차트 업데이트 모드는 무엇입니까? 이 차트는 심전도(EKG:Electro-cardiogram) 차트와 유사하게 디스플레이됩니다.

a. 스트립 차트
b. 스코프 차트

c. 스윕 차트

d. 스텝 차트

34. 다음 블록다이어그램은 어떤 VI 구조를 나타내고 있습니까?

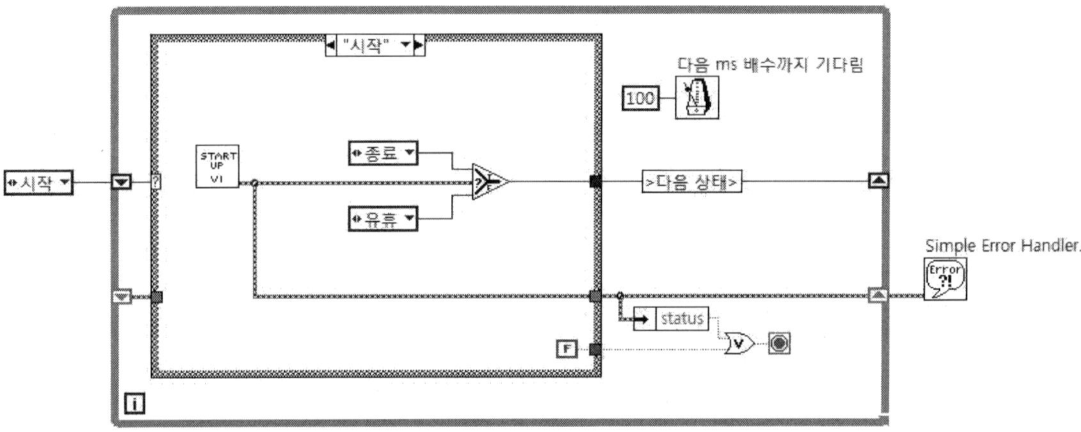

a. 여러 케이스 구조 VI

b. 일반 VI

c. 상태 머신 VI

d. 병렬 루프 VI

35. 클러스터의 기능은 무엇입니까?

a. 여러 데이터 타입을 논리적인 구조로 묶음

b. 차트 또는 그래프를 사용하여 프런트패널에 데이터를 나타냄

c. 블록다이어그램에서 여러 데이터 타입을 구분하는 방법을 제공

d. 프런트패널에서 데이터 객체를 데이터 타입별로 구별

36. 강제 변환점이 의미하는 것은 무엇입니까?

a. 데이터 타입이 일치함

b. 데이터에 다형성(polymorphic) 연산이 실행됨
c. 데이터 변환을 처리하기 위해 데이터 버퍼가 생성됨
d. 데이터가 범위를 벗어났기 때문에 데이터 값이 강제 변환됨

37. 다음 설명의 빈 칸에 들어갈 단어를 순서대로 올바르게 짝지은 것은 무엇입니까? ____ 프로퍼티 노드와는 달리, ____ 프로퍼티 노드는 올바르게 작동하려면 ____를 입력으로 필요로 합니다.

a. 명시적(Explicit), 함축적(Implicit), 데이터 값 참조
b. 함축적, 명시적, 데이터 값 참조
c. 명시적, 함축적, 컨트롤 참조
d. 함축적, 명시적, 컨트롤 참조

38. 상태 머신 VI 구조의 단점은 무엇입니까?

a. 상태 머신 구조는 오직 순서에 따라 여러 상태를 통과
b. 동시에 두 상태의 변경이 발생하면, 첫번째 상태 변경만 수행하고 두번째 상태 변경은 무시
c. 일반 VI 구조에서 상태 머신 구조로 변경할 때 다이어그램의 크기 확대
d. 상태 머신 구조를 사용하여 데이터를 수집하거나 DAQ 함수 사용 불가

39. 다음 설명의 빈 칸에 들어갈 단어를 순서대로 올바르게 짝지은 것은 무엇입니까? ____________은 루프가 반복되는 총 횟수를 나타내며, ____________ 은 루프가 반복된 횟수에서 1 을 뺀 값을 반환합니다.

a. 카운트 터미널, ; 조건 터미널, 
b. 조건 터미널, ; 반복 터미널, 
c. 카운트 터미널 ; 반복 터미널 
d. 조건 터미널, ; 카운트 터미널, 

40. 다음 중 LabVIEW 프로젝트 (.lvproj) 파일에 대한 설명으로 맞는 것은 무엇입니까?

a. 어플리케이션과 관련있는 모든 파일을 포함하는 맞춤형 폴더
b. 프로그래밍 단계를 구현할 수 있는 프런트패널 및 블록다이어그램을 포함하는 파일
c. 어플리케이션의 최종 개발 단계에 주로 사용되는 코드의 컴파일된 버전
d. 어플리케이션에 대한 참조를 포함하고, 어플리케이션과 관련된 모든 파일의 구조를 조직하는 파일

해답 페이지:

다음은 해답과 CLAD 견본 시험에 대한 추가적인 리소스를 찾을 수 있는 링크입니다. 모든 참조 문헌은 *LabVIEW 도움말*의 일부입니다. 손쉽게 채점하려면, 답을 모두 작성한 답안지를 떼어내어 해답 페이지와 비교하십시오. 이 해답 페이지는 실제 CLAD 시험에서는 제공되지 않으며, 연습용으로 이 시험지에만 포함되어 있습니다.

1. **정답:** A
   토픽: 루프
   이유: While 루프와 For 루프의 반복 카운트는 항상 0 에서 시작합니다 반복 카운트는 첫번째 반복에서 0 을 반환하고 두번째 반복에서 1 을 반환하며, 이런 식으로 계속 진행됩니다. While 루프는 반복 터미널의 출력이 50 과 같거나 클 때 정지하도록 설정되어 있으므로, 반복 터미널의 출력값이 최소 50 임을 알 수 있습니다. 출력값이 처음으로 50 이 되는 것은 루프가 51 번 반복된 후입니다.
   참조: *For 루프와 While 루프의 구조*

2. **정답:** A
   토픽: 이벤트 구조
   이유: 각 보기는 값 변경 이벤트에 대해 설명합니다. 값 변경 이벤트는 가장 일반적으로 프런트패널에서 사용자의 동작으로 인해 발생합니다.
   참조: *사용 가능한 이벤트, LabVIEW 에서 이벤트 사용하기*

3. **정답:** A
   토픽: 타이밍
   이유: [틱 카운트(ms)] 함수는 호출될 때 밀리초 타이머의 값을 반환합니다. 이 함수를 두번 호출하고, 호출된 값의 차이를 계산하면 호출 사이에 경과된 시간(밀리초)을 알 수 있습니다. 이 코드에서 SubVI 는 [틱 카운트(ms)] 함수의 첫번째 호출과 두번째 호출 사이에 호출되었으므로, A 가 맞는 답입니다.
   참조: *케이스 및 시퀀스 구조, [틱 카운트(ms)] 함수*

4. **정답:** A
   토픽: VI 서버
   이유: 프로퍼티 노드는 프런트패널 객체를 프로그램적으로 변경하도록 만들어졌습니다. 변수는 프런트패널 객체를 변경하지 않기 때문에 보기 C 와 D 는 맞지 않습니다. SubVI 를 사용하지 않고 함축적인 프로퍼티 노드는 명시적인 프로퍼티 노드와는 달리 추가의 입력을 필요로하지 않기 때문에 보기 A 는 보기 B 보다 적합합니다.
   참조: *SubVI 에서 프런트패널 객체 컨트롤하기, VI 서버 참조*

5. **정답:** C
   토픽: 배열과 클러스터
   이유: For 루프는 미리 정해진 횟수만큼 반복되기 때문에 배열을 생성하는데 있어서 While 루프보다 더

효과적입니다. 그러므로, LabVIEW 는 For 루프가 실행되기 전에 배열이 사용하는 메모리를 미리 할당할 수 있습니다.
참조: *For 루프, VI 메모리 사용*

6. **정답:** C
   토픽: 타이밍
   이유: 보기 A 와 B 는 모두 값을 밀리초 단위로 반환합니다. 문제에서 어플리케이션이 장시간 실행된다고 지정하였으므로, 클럭 값이 0 으로 변환되는 가능성을 최소화하기 위해 시간 간격을 작게 할 수 있는 함수를 선택해야 합니다. 또한 보기 B 는 코드에 동기화로 인한 시간 지연을 추가합니다. 이는 장시간 실행되는 어플리케이션에 사용하기에는 충분치 않습니다. 얼마나 시간이 경과했는지 정확히 알려면 현재 시간을 참조 시간과 비교해야 합니다. 그러므로 보기 C 가 가장 적합한 선택입니다.
   참조: *[틱 카운트(ms)] 함수, 타이밍 VI 와 함수*

7. **정답:** D
   토픽: 에러 핸들링
   이유: 자동 에러 핸들링이 활성화되어 있지만, 모든 함수의 에러 클러스터가 출력에 연결되어 있습니다. 이런 경우, 에러가 발생해도 LabVIEW 는 실행을 중단하거나, 사용자에게 대화 상자를 디스플레이할 수 없습니다. 함수 중 단 한 개라도 에러 클러스터가 출력에 연결되어 있지 않은 경우, LabVIEW 는 대화 상자를 디스플레이하고 실행을 중단합니다.
   참조: *에러 핸들링하기*

8. **정답:** C, D
   토픽: 문서
   이유: 기본 도움말의 굵은체 부분은 필수 입력을 나타냅니다. 필수 입력의 특성 때문에 필수 입력이 연결되지 않으면 VI 에는 깨진 실행 버튼이 나타납니다.
   참조: *필수, 권장, 옵션 입력과 출력 설정하기*

9. **정답:** A
   토픽: 배열과 클러스터
   이유: 다차원 배열의 경우, [배열 크기] 함수는 각 차원의 크기를 포함하는 1D 배열을 출력합니다. 배열의 순서는 항상 행이 처음이며, 열이 두번째입니다. 그러므로 2 개의 행과 3 개의 열을 가진 A 가 맞는 답입니다.
   참조: *[배열 크기] 함수*

10. **정답:** A
    토픽: 파일 I/O
    이유: 한 개의 불리언 값은 LabVIEW 에서 메모리 1 바이트를 사용합니다. [불리언 배열을 숫자로]는

8 개의 불리언 값, 8 바이트를 1 개의 8 비트 정수값, 1 바이트로 변환하기 때문에 A 가 정답입니다. 그러므로 쓴 데이터의 총 량은 1 바이트입니다. 보기 B 는 각각의 불리언 값에 대해 1 바이트를 쓰며, 보기 C 와 D 는 문자열을 씁니다. 문자열의 각 문자는 1 바이트를 사용하므로 보기 C 와 D 는 파일에 여러 바이트의 데이터를 씁니다.

참조: *패턴화된 데이터, 2 진 파일 생성하기, LabVIEW 가 메모리에 데이터를 저장하는 방법*

11. **정답:** B

토픽: LabVIEW 환경

이유: 키 조작은 개발자가 키보드 동작을 컨트롤에 할당할 수 있도록 하는 컨트롤의 프로퍼티입니다. 키 포커스는 컨트롤이 현재 선택되었는지 아닌지 결정하는 프로퍼티입니다. 기수는 사용자가 2 진수, 8 진수, 10 진수, 또는 16 진수 중 하나를 선택하여 나타내도록 하는 정수 컨트롤의 디스플레이 구성요소입니다. 객체 간격 조절은 프런트패널을 구성하는 도구 중 하나입니다.

참조: *키 조작 페이지(프로퍼티 대화 상자)*

12. **정답:** A

토픽: 데이터 타입

이유: 주어진 문자열 입력에서 [부분 문자열 대체] 함수는 원래의 문자열을 오프셋에서 지정된 위치에서부터 부분 문자열 입력에서 제공한 문자열로 대체합니다.

참조: *[부분 문자열 대체] 함수*

13. **정답:** B

토픽: VI 서버

이유: 컨트롤 참조를 다른 VI 에 전달하여 Main VI 에서 SubVI 가 객체의 프로퍼티와 메소드에 접근하도록 할 수 있습니다.

참조: *SubVI 에서 프런트패널 객체 컨트롤하기, VI 서버 참조*

14. **정답:** C

토픽: 루프

이유: 피드백 노드의 기능은 시프트 레지스터와 비슷합니다. 이 코드에서 피드백 노드는 4 의 값으로 초기화되었습니다. 피드백 노드는 한번 반복하고 값 4 는 피드백 노드에 저장된 값에 추가되어 최종값은 8 이 됩니다.

참조: *For 루프와 While 루프 구조, 피드백 노드*

15. **정답:** C

토픽: LabVIEW 프로그래밍 원리

이유: SubVI 에서 에러 클러스터를 사용하면 적절하게 에러를 핸들링하기 때문에 데이터 흐름을 강화하는 가장 적합한 방법입니다.

참조: *에러 핸들링하기, 블록다이어그램의 데이터 흐름*

16. **정답:** C

    토픽: 에러 핸들링

    이유: 보기 A 와 B 는 에러를 보고하지만, 정지하지는 않습니다. 보기 D 는 정지하지만 에러를 보고하지는 않습니다. 보기 C 가 유일한 선택입니다.

    참조: *에러 핸들링하기*

17. **정답:** B

    토픽: LabVIEW 프로그래밍 원리

    이유: For 루프는 병렬로 실행되며, 루프 사이에 데이터 의존성이 없어도 됩니다. 한 루프에서 다른 루프로 와이어가 연결되면 데이터 흐름의 규칙 때문에 루프 사이에 의존성이 생깁니다. 그러므로 루프 사이에 와이어가 연결되면 이 루프는 더 이상 병렬로 실행된다고 할 수 없습니다.

    참조: *For 루프와 While 루프 구조, 블록다이어그램의 데이터 흐름*

18. **정답:** B

    토픽: 로컬 변수

    이유: 기능적인 글로벌 변수는 프런트패널 컨트롤을 조작할 수 있는 기능을 직접 가지고 있지 않기 때문에 답이 될 수 없습니다. 데이터 값 참조는 이 상황에 적용되지 않습니다. 원하는 값을 기본값으로 설정하는 것은 컨트롤을 프로그램적으로 업데이트하는 방법이 아닙니다. 보기 B 가 유일한 선택입니다.

    참조: *로컬 변수, 로컬과 글로벌 변수를 사용시 유의 사항*

19. **정답:** A

    토픽: 동기화와 통신

    이유: 글로벌 변수 사용의 주요 이점은 여러 VI 사이에 데이터를 전달할 수 있다는 것입니다.

    참조: *글로벌 변수, 로컬과 글로벌 변수를 사용시 유의 사항*

20. **정답:** A

    토픽: 프로퍼티 노드

    이유: 프로퍼티 노드는 항상 위에서 아래로 실행됩니다. 플롯 1 은 제일 처음 선택되고 변경되었기 때문에, 색도 가장 먼저 변경됩니다.

    참조: *프로퍼티 노드*

21. **정답:** D

    토픽: 그래프와 차트

    이유: 웨이브폼 그래프는 2D 배열 또는 웨이브폼 데이터를 포함하는 클러스터로 이루어진 1D 배열을 받습니다. 웨이브폼 그래프는 1D 배열에 끼워놓기 된 X, Y 데이터를 받지 않으므로 보기 A 는 맞지

않습니다.

참조: *웨이브폼 데이터를 그래프로 나타내기, 그래프와 차트 사용자 정의*

22. **정답:** C

토픽: 이벤트 구조

이유: 알림 이벤트는 LabVIEW 에 이벤트가 발생했으며, 처리되었다는 사실만 전달합니다. 필터 이벤트를 사용하면 이벤트를 버릴지 프로그램적으로 결정할 수 있습니다.

참조: *알림과 필터 이벤트, LabVIEW 에서 이벤트 사용하기*

23. **정답:** B

토픽: LabVIEW 프로그래밍 원리

이유: .ctl 파일이 타입 정의 또는 엄격한 타입 정의가 아닌 컨트롤로 저장되었기 때문에 이 파일을 변경해도 컨트롤의 인스턴스가 업데이트되지 않습니다.

참조: *타입 정의와 엄격한 타입 정의 생성하기, 사용자 컨트롤, 인디케이터, 타입 정의 생성하기*

24. **보기:** C

토픽: 동기화와 통신

이유: [원소를 큐에서 제거] 함수는 데이터가 사용 가능할 때까지 기다리도록 기본 설정되어 있습니다. 이 함수는 데이터가 사용 가능하거나 큐 참조가 삭제되는 경우 결과를 반환합니다. 이 기능은 생산자/소비자 디자인 패턴에서 매우 중요합니다.

참조: *[원소를 큐에서 제거] 함수*

25. **정답:** C

토픽: 시퀀스 구조

이유: 시퀀스 로컬은 다층 시퀀스 구조의 프레임 사이에 데이터를 저장합니다. 시퀀스 로컬은 프레임 0 에만 쓰였습니다. 그러므로 프레임 1 은 프레임 2 에 아무 영향을 미치지 않습니다. **값 F2** 의 값은 5 x 8, 그러므로 40 입니다.

참조: *케이스 및 시퀀스 구조, 시퀀스 로컬 터미널 추가 및 제거하기*

26. **정답:** C

토픽: 루프

이유: 다층 시프트 레지스터는 여러 이전 루프 반복에서 쓰인 값을 기억합니다. 위의 노드는 가장 최근에 실행된 반복입니다. 코드를 살펴보면 가장 최근의 측정값 4 개를 평균하여 나타내고 있다는 것을 알 수 있습니다.

참조: *For 루프와 While 루프 구조, 루프 반복 사이에서 값 전달하기*

27. **정답:** B

    토픽: 디버깅

    이유: 프로브 도구를 사용하면 실행 중 와이어의 데이터를 볼 수 있으며, 실행 속도에도 전혀 지장을 주지 않습니다. 실행 하이라이트는 실행 속도를 늦추며 데이터 흐름을 보여주고, 단계별 실행 시작하기 도구를 사용하면 SubVI 를 살펴볼 수 있습니다.

    참조: *프로브 도구 사용하기, 실행 하이라이트*

28. **정답:** D

    토픽: 케이스 구조

    이유: 케이스 선택자의 입력이 다른 케이스에 맞지 않기 때문에 기본 케이스가 실행됩니다. 그러므로 답은 6^2, 36 입니다.

    참조: *케이스 및 시퀀스 구조*

29. **정답:** B

    토픽: 디버깅

    이유: 브레이크포인트를 사용하면 VI 가 실행을 일시 정지하고 단계별 실행을 시작하거나 실행을 다시 시작할 때까지 기다립니다.

    참조: *브레이크포인트 관리하기*

30. **정답:** B

    토픽: 배열과 클러스터

    이유: 배열 연산을 할 때, LabVIEW 는 출력이 작은 입력의 크기와 같게 되도록 합니다. 이 경우, 출력은 두 개의 원소를 가진 1D 배열입니다. 원소는 75-100 과 50-25, 즉 {-25, 25}입니다.

    참조: *다형성 함수, 빼기 함수, 배열과 클러스터를 이용한 데이터의 그룹화*

31. **정답:** D

    토픽: 불리언의 기계적 동작

    이유: 대화 상자 버튼은 클릭을 처리하기 전에 사용자가 놓을 때까지 기다립니다. 사용자가 클릭 후 놓으면, 버튼은 기본 상태로 돌아갑니다. 이러한 동작은 LabVIEW 에서 놓을 때 래치 기계적 동작과 비슷합니다.

    참조: *불리언 객체의 기계적 동작 변경하기*

32. **정답:** C

    토픽: 기능적인 글로벌 변수

    이유: 기능적인 글로벌 변수를 이 변수를 호출하는 VI 에 인라인으로 놓을 필요는 없습니다. 더우기 인라인으로 놓으려면 SubVI 가 재호출로 설정되어야 하며, 이는 기능적인 글로벌 변수에서 허용되지

않습니다.

참조: *실행 시스템과 우선순위 사용에 대한 제안*

33. **정답:** C

토픽:그래프와 차트

이유: 스트립 차트는 왼쪽에서 오른쪽으로 플롯하며, 플롯하는 동안 지속적으로 스크롤합니다. 스코프 차트는 왼쪽에서 오른쪽으로 플롯하며 차트가 꽉 찰 때까지 계속 플롯합니다. 꽉 차면 차트가 지워지고 왼쪽에서부터 다시 플롯이 시작됩니다. 스윕 차트는 스코프 차트와 유사하게 작동하지만, 차트가 꽉 차면 차트를 지우지 않는 대신 왼쪽에서부터 플롯을 다시 시작하며 이전에 플롯된 데이터를 덮어씁니다. LabVIEW 에는 스텝 차트는 없습니다.

참조: *그래프와 차트 사용자 정의*

34. **정답:** C

토픽: 디자인 패턴

이유: 상태 머신은 전달을 결정하기 위해 While 루프, 케이스 구조, 시프트 레지스터와 코드로 이루어져 있습니다.

참조: *템플릿에서 VI 생성하기, 케이스 구조*

35. **정답:** A

토픽: 배열과 클러스터

이유: 클러스터를 사용하면 데이터를 구조로 묶을 수 있습니다. 이렇게하면 필요한 와이어와 터미널의 수를 최소화하여 블록다이어그램을 더 간단하게 정리할 수 있습니다. 클러스터는 여러 다른 데이터 타입을 받습니다.

참조: *배열과 클러스터를 이용한 데이터의 그룹화*

36. **정답:** C

토픽: 데이터 타입

이유:강제 변환점은 다르지만 호환 가능한 데이터 타입을 받는 터미널에 특정 데이터 타입이 연결되었음을 나타냅니다. 이런 일이 발생하면, LabVIEW 는 데이터를 두 데이터 타입 중 더 큰 타입으로 변환합니다. 이 때 변환된 데이터를 저장하기 위해 메모리 버퍼를 생성해야 합니다.

참조: *숫자형 변환, 와이어를 사용하여 블록다이어그램 객체에 연결하기*

37. **정답:** D

토픽: 프로퍼티 노드

이유: 함축적인 프로퍼티 노드는 소유하는 컨트롤 또는 인디케이터에 명시적으로 연결됩니다. 참조 와이어는 필요하지 않습니다. 명시적인 프로퍼티 노드는 어떤 컨트롤을 조작할지 결정하기 위해 참조 와이어를 필요로 합니다. 데이터 값 참조는 프로퍼티 노드와 관련이 없습니다.

참조: *프로퍼티 노드, 프로퍼티와 메소드 생성하기, 프로퍼티 노드와 인보크 노드에서 컨트롤 참조 SubVI 생성하기*

38. **정답:** B

    토픽: 디자인 패턴

    이유: 간단한 상태 머신은 이전의 상태 실행 중 사용자가 프런트패널 버튼을 클릭하는 것과 같은 상태 변경이 발생하는 경우에 대한 버퍼가 없습니다. 그러므로 여러 개의 상태 변경이 상태 머신이 이를 처리하기 전에 발생하는 경우, 가장 최근의 상태 변경 외에는 모두 손실됩니다.

    참조: *동기화 VI 와 함수, 템플릿에서 VI 생성하기, 케이스 구조*

39. **정답:** C

    토픽: 루프

    이유: 카운트 터미널은 For 루프의 반복 횟수를 나타냅니다. While 루프의 조건적인 터미널은 루프의 반복 횟수를 결정할 수도 있지만, 루프가 몇번 반복될지 직접적으로 알 수 있는 방법은 없습니다. 반복 터미널은 이미 반복된 횟수에서 1 을 뺀 값을 반환합니다.

    참조: *For 루프와 While 루프 구조*

40. **정답:** D

    토픽: LabVIEW 환경

    이유: LabVIEW 프로젝트는 폴더와 같이 파일을 포함하지는 않으며, 일반 어플리케이션에 속해있는 파일들을 정리하기만 합니다.

    참조: *LabVIEW 에서 프로젝트 관리하기*

저자와의
협의에 의해
인지 생략

myRIO를 활용한

LabVIEW 프로그래밍

2판 4쇄 2020년 3월 5일

저 자 이종명, 황우현
발행인 송광헌
발행처 복두출판사
주 소 서울특별시 영등포구 경인로82길 3-4
센터플러스 807호
(우) 07371
전 화 (02) 2164-2580
FAX (02) 2164-2584
등 록 1993. 11. 22. 제 10-902 호

정가 : 14,000원

ISBN : 979-11-5906-173-8 93560

한국과학기술출판협회 회원사